地图上的中国
CHINA ON THE MAP

中国的
世界遗产

World Heritage in China

青 芒 著

五洲传播出版社

图书在版编目（ＣＩＰ）数据

地图上的中国．中国的世界遗产 / 青芒著．－－北京：五洲传播出版社，2022.1
ISBN 978-7-5085-4580-6

Ⅰ．①地… Ⅱ．①青… Ⅲ．①中国－概况②文化遗产－介绍－中国 Ⅳ．①K92

中国版本图书馆CIP数据核字(2021)第222246号

审 图 号：GS（2021）8270号

中国的世界遗产

作　　者：	青　芒
图　　片：	图虫创意
出 版 人：	关　宏
责任编辑：	苏　谦
装帧设计：	山谷有魚　张伯阳

出版发行：	五洲传播出版社
地　　址：	北京市海淀区北三环中路31号生产力大楼B座6层
邮　　编：	100088
电　　话：	010-82005927，82007837
网　　址：	www.cicc.org.cn, www.thatsbooks.com
印　　刷：	北京中石油彩色印刷有限责任公司
版　　次：	2023年7月第1版第1次印刷
开　　本：	1/20
印　　张：	7
字　　数：	100千
定　　价：	48.00元

中国世界遗产分布图

中国的世界遗产

World Heritage in China

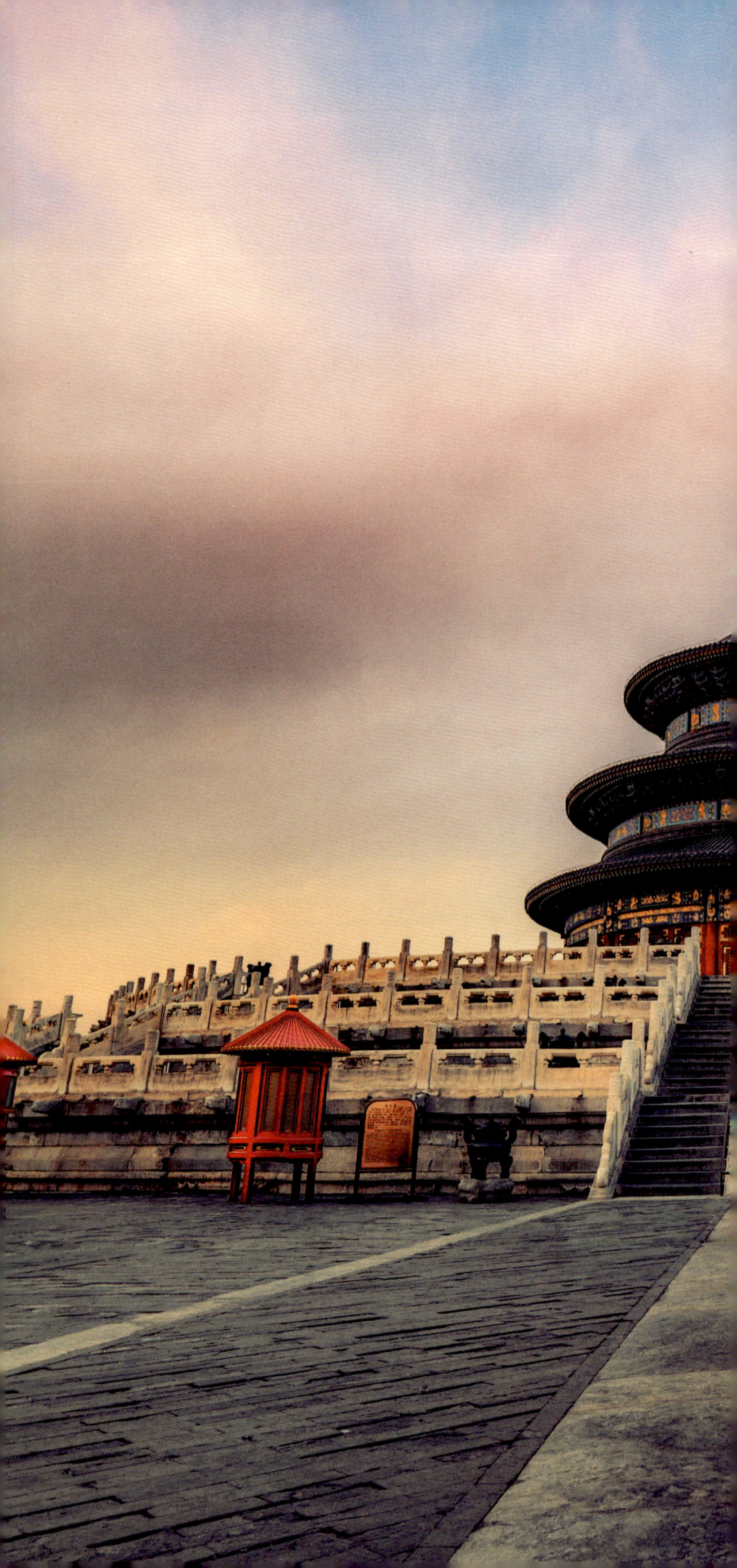

中国的世界遗产
World Heritage in China

前　言

　　世界遗产是指被联合国教科文组织和世界遗产委员会确认的人类罕见的、无法替代的财富，是全人类公认的具有突出意义和普遍价值的文物古迹及自然景观。

　　中国历史悠久、地大物博，拥有众多宝贵的世界遗产。截至2023年7月，中国已成功申报56项世界遗产，其中世界文化遗产38项，世界文化与自然双重遗产4项，世界自然遗产14项，世界遗产数量居世界第二。而中国的首都北京，则是世界上拥有遗产项目数最多的城市（7项）。

　　世界文化遗产专指"有形"的文化遗产，主要包括文物、建筑群、遗址三类。中国的世界文化遗产是中国古人创造性的杰作和智慧的结晶，是经过千百年岁月打磨的历史瑰宝和文明见证。

　　例如始建于2000多年前春秋战国时期的长城，它的修建一直持续到17世纪明朝后期，其工程之浩繁，气势之雄伟，堪称世界奇迹。

　　又如故宫。2020年是故宫建成600周年，它是世界上现存规模最大、保存最完整的木质结构建筑群，是世界建筑中的一颗明珠。即使经过了数百年，人们仍然被它的美所震撼。

　　中国幅员辽阔、地形复杂、气候多样，自然奇观数不胜数。中国的世界自然遗产无论是从审美还是从科学的角度看，都具有突出的价值。

例如地处东亚、南亚和青藏高原三大地理区域交会处的"三江并流"自然景观。"三江并流"地区是世界上罕见的高山地貌及反映其演化的代表地区，也是世界上生物物种最为丰富的地区之一。区内汇集了高山峡谷、雪峰冰川、高原湿地、森林草甸、淡水湖泊、稀有动物、珍贵植物等奇异景观。同时，该地区还是16个民族的聚居地，是世界上罕见的多民族、多语言、多种宗教信仰和风俗习惯并存的地区，具有重要的自然科学和历史文化价值。

又如四川大熊猫栖息地。这里生活着全世界30%以上的野生大熊猫，是全球最大、最完整的大熊猫栖息地，同时也是小熊猫、雪豹及云豹等全球严重濒危动物的栖息地。

中国的世界遗产蕴含着中华民族特有的精神价值、人文追求，体现着中华民族旺盛的生命力和创造力，是中国人民勤劳和智慧的结晶，同时也是全人类共同的财富。

目 录

01 文化遗产

长城 ·12·

明清皇宫 ·15·

莫高窟 ·20·

秦始皇陵及兵马俑 ·22·

周口店北京人遗址 ·26·

武当山古建筑群 ·28·

拉萨布达拉宫历史建筑群 ·30·

承德避暑山庄及其周围寺庙 ·32·

曲阜孔庙、孔林和孔府 ·34·

平遥古城 ·36·

苏州古典园林 ·38·

丽江古城 ·40·

北京皇家园林——颐和园 ·42·

北京皇家祭坛——天坛 ·44·

大足石刻 ·46·

皖南古村落——西递、宏村 ·48·

龙门石窟 · 50 ·

明清皇家陵寝 · 52 ·

青城山—都江堰 · 54 ·

云冈石窟 · 56 ·

高句丽王城、王陵及贵族墓葬 · 58 ·

澳门历史城区 · 60 ·

殷墟 · 62 ·

开平碉楼与村落 · 64 ·

福建土楼 · 66 ·

登封"天地之中"历史建筑群 · 68 ·

元上都遗址 · 70 ·

大运河 · 71 ·

丝绸之路：长安—天山廊道的路网 · 73 ·

土司遗址 · 75 ·

鼓浪屿：历史国际社区 · 77 ·

良渚古城遗址 · 79 ·

泉州：宋元中国的世界海洋商贸中心 · 80 ·

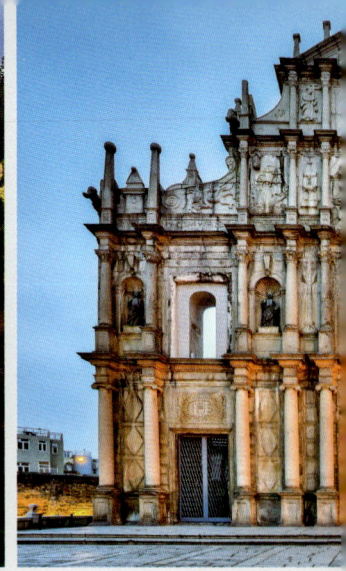

02　文化景观遗产

庐山国家公园 ·84·

五台山 ·86·

杭州西湖文化景观 ·88·

红河哈尼梯田文化景观 ·90·

左江花山岩画文化景观 ·92·

03　自然遗产

黄龙风景名胜区 ·96·

九寨沟风景名胜区 ·98·

武陵源风景名胜区 ·100·

云南三江并流保护区 ·102·

四川大熊猫栖息地 ·104·

中国南方喀斯特 ·106·

三清山国家公园 ·108·

中国丹霞 ·110·

澄江化石遗址 ·112·

新疆天山 ·113·

湖北神农架 ·115·

青海可可西里 ·116·

梵净山 ·118·

中国黄（渤）海候鸟栖息地 ·120·

04 文化与自然双重遗产

泰山 ·124·

黄山 ·126·

峨眉山—乐山大佛 ·128·

武夷山 ·130·

01

文化遗产

长城

■ **1987年12月，长城被列入《世界遗产名录》。**

　　公元前220年，一统天下的秦始皇下令将修建于早些时候的一些断续的防御工事连接成一个完整的防御系统，用以抵御来自北方少数民族的侵扰。其后，经过历朝历代的持续修建，长城终于建成为世界上最大的军事设施。而它在文化、艺术上的价值，足以与其在战略上的重要性相媲美。

　　今天人们看到的长城，主要是明代修建的。明长城东起渤海湾山海关，西至甘肃省嘉峪关，全长6000多公里。

　　长城以城墙为主体，同时结合城、障、亭、标等建筑物，形成一个完整的防御体系。从西周到明朝，中国历史上曾多次修建长城。据国家文物局调查认定，中国历代长城总长度为21196.18千米。

　　长城最早的历史可追溯到公元前9世纪的西周。为了

防御少数民族的袭击，周王朝开始修建"烽火台"。当敌人来袭时，便在烽火台上燃起烽火，烽火沿着一个个烽火台传递，在短时间内就能有效通报敌情。这套烽火防卫系统，便是长城的雏形。

到春秋战国时期，大小诸侯国争霸，各诸侯国纷纷在边界修筑长城。但这时候各国修筑的长城较短，直到公元前221年，秦始皇统一六国建立秦朝后，才开始大规模地修建长城。

完成统一后的秦朝仍面临着北方强大游牧民族匈奴的威胁。秦始皇下令将原来秦国、赵国、燕国的长城连接起来，又在西部和东部两侧延长，最终修成西起甘肃临洮、东至辽东的长城，成为"万里长城"的雏形。西汉时，在国力鼎盛的汉武帝时期，为了加强与西方的商贸往来，汉武帝下令对秦长城进行修补，同时修建了一条东至辽东、西至新疆罗布泊沙漠的汉长城。

汉朝之后的历朝历代，都曾经或多或少地修建过长

城。到了明朝，再一次对长城进行了大范围的整修，成为长城建造集大成的朝代。

明长城由城墙、敌楼、关城、卫所、墩堡、烽火台等组成。烽火台用于在敌人来犯时，举火传烟报告敌情；敌楼则用来存放武器、军粮，或供守卒居住。除了有各种防御工事，明长城还有严密的管理制度。从1421年明成祖朱棣迁都北京开始，就有了"九边重镇"之说——长城由九个区域管辖，各个区域内有专门的士兵负责长城的防守和修缮。

今天，位于北京市昌平区境内的八达岭长城作为明长城中保存最完好、最具代表性的一段，吸引了众多中外游客。此外，嘉峪关长城、金山岭长城、慕田峪长城等，也都是著名的长城景观。

明清皇宫

■ 1987年12月，北京故宫被列入《世界遗产名录》；2004年，沈阳故宫作为明清皇宫扩展项目被列入《世界遗产名录》。

明清皇宫是中国明、清两个朝代的皇宫，包括北京故宫和沈阳故宫。北京故宫作为近5个世纪里最高皇权的皇宫，包含了近1万间房屋，收藏有180万余件文物，是中华文明的无价瑰宝。沈阳故宫则是清朝迁都北京之前的皇宫，建于1625—1783年，共有114座建筑，其中包括一个极为珍贵的藏书馆。

北京故宫始建于1406年，历经14年建成，成为15世纪到20世纪初两个王朝的皇家宫殿。故宫最初名为紫禁城，直到1925年后被改名为故宫，并向公众开放。

北京故宫整体呈长方形，南北长961米，东西宽753米，四周被城墙环绕，城墙外还围绕着一条长约3800米的护城河，从而形成一套完整的防御系统。故宫宫殿沿南北向中轴线排列，建筑以木结构为主，红墙黄瓦，气势庄严雄伟。在中国传统文化中，红色寓意着吉祥、美满、富贵，而黄色则代表着至高无上的权力。故宫里最威严的三座大殿形成一个巨大的"土"字：举行盛大典礼时使用的太和殿，是故宫内最大最高的宫殿；中和殿是皇帝前往太和殿参加大典前休息和演习礼仪，以及在祭天典礼前审阅祭祀文书的殿堂；保和殿则是举行科举考试中最高等级的考试——殿试的场所。

北京故宫是世界上规模最大、保存最完好的木结构宫殿建筑群，是中国古代宫殿建筑发展的典范。故宫建筑融合了汉族、满族、蒙古族和藏族等多民族文化特色，其整体的空间布局，也展现了中国古代城市规划的特点。此外，故宫的180万余件文物也是中华文明的宝藏，包括绘

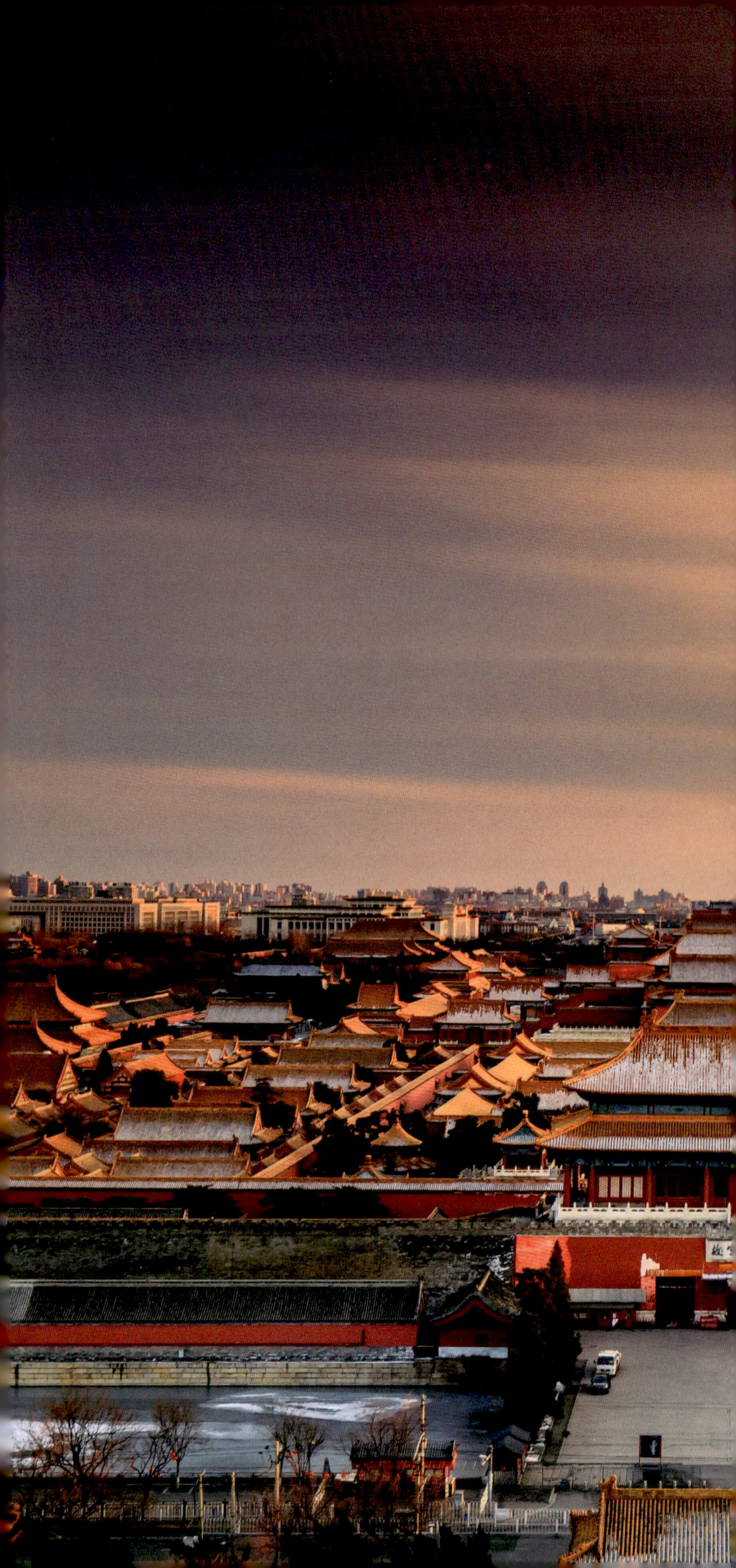

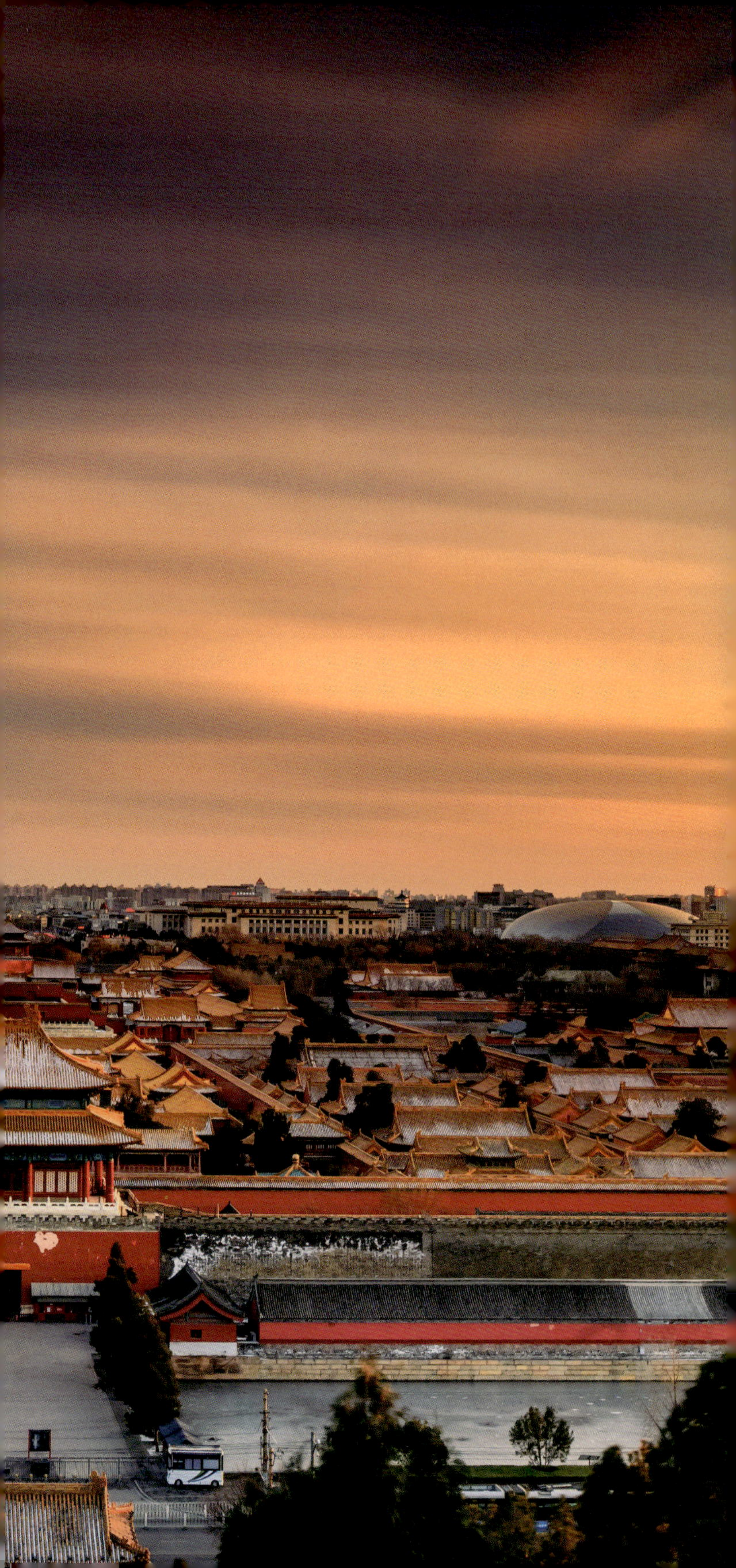

画、书法、铜器、金银器、玉石器、陶瓷、雕塑、织绣等25大类，其中珍贵文物多达168万余件。

沈阳故宫是清朝开国皇帝努尔哈赤和他的儿子皇太极修建的，是中国保存最完好的古代建筑群之一。在建筑布局上，沈阳故宫分为东路、中路、西路。中路是沈阳故宫的中轴线，沈阳故宫的大门大清门、皇太极日常临朝的崇政殿、皇帝策划军政和设宴席的凤凰楼都在这条线上；举行重大庆典和政治活动的大政殿、八旗首领办公的十王亭坐落在东路一线；西路则主要以文溯阁为中心，文溯阁是专为储存《四库全书》《古今图书集成》而兴建的藏书楼。

1636年之前，清朝的国号还是"后金"。就是在这座新建的宫殿里，皇太极下令将族名"女真"改为"满洲"，国号"后金"改为"清"。即使在1644年清朝迁都北京之后，这座皇宫仍作为开国先皇的"龙兴重地"，备受清朝历代帝王重视。康熙、乾隆、嘉庆、道光四朝皇帝曾先后十

次东巡盛京，瞻仰先皇的旧宫圣迹和遗物。乾隆帝不但下令对其进行了多次改建和扩建，还源源不断地从北京运送来大量的皇家珍宝，贮藏于此。

莫高窟

■ 1987年12月，莫高窟被列入《世界遗产名录》。

莫高窟地处丝绸之路的一个战略要点。它不仅是东西方贸易的中转站，同时也是东西方宗教和文化的交汇处。莫高窟现存洞窟735个，其中保存完好、存有壁画和彩塑的洞窟492个，展示了延续千年的佛教艺术。

莫高窟位于甘肃省敦煌市南部的鸣沙山。在鸣沙山山壁上的石窟中，有彩塑约3000尊，壁画4.5万多平方米。而在莫高窟的藏经洞内，还藏着5万余件文物，其中有大量佛经，还有涵盖数学、地理、历史、民俗、音乐、舞蹈、文学、书法等领域的文书，广泛反映了中古时代东北

亚和中亚社会的各方面情况,成为研究各个朝代历史和文化的珍贵资料。

莫高窟的开凿史,要追溯到366年的一天。这天,一位叫乐尊的和尚在敦煌一路前行。正当他低头行走的时候,远处的三危山上突然闪起一道道的霞光,在一片刺眼的霞光之中,似乎还浮现着上千个佛陀。乐尊和尚觉得,这是佛祖对自己的暗示,于是决定留在这里。他在三危山对面的崖壁上,开凿了一个洞窟,这就是莫高窟最初的洞窟。

公元前2世纪,汉朝使者张骞前往西域,开通了中国通往中亚、西亚的丝绸之路,促进了中西方贸易、文化的交流。而莫高窟所在的敦煌,正好是丝绸之路上重要的城市。商人、使者、僧人都要经过这里,前往中亚、西亚,甚至欧洲。

当时在此来往的人们知道,离开敦煌再往西面前行,便会经过"死亡之海"——缺水干燥的塔克拉玛干沙漠。正因为如此,不少人会在离开敦煌前在莫高窟开凿一个洞窟,供奉佛祖以祈求平安。而从遥远西域平安回到敦煌的人们,也会在这里开凿洞窟,以表达自己对佛祖保佑的感谢。在之后的许多年里,人们为祈求风调雨顺或祈求战乱平息,而在这里开凿了一个又一个的洞窟。

这场开凿洞窟的"接力赛"一直持续到了元代,形成了目前南北长约1600米的洞窟群。在高达15—30多米的断崖上,密集排列着735个洞窟,其中有壁画和彩塑的佛窟492个,按照风格大体可分为五个时期:北朝、隋唐、五代至宋、西夏、元。而在俗称"藏经洞"的17号洞窟中,人们发现了5万余件佛教经卷等文物,它们被称为"敦煌遗书"。敦煌遗书与殷墟甲骨、居延汉简、明清档案并称为20世纪中国古文献四大发现。

秦始皇陵及兵马俑

■ 1987年12月，秦始皇陵及兵马俑被列入《世界遗产名录》。

秦始皇陵是中国历史上第一位皇帝嬴政的陵墓。结构复杂的秦始皇陵是仿照秦朝都城咸阳的格局而设计建造的。秦始皇的陪葬品陶兵俑数量众多，形态各异，连同他们的战马、战车和武器，成为现实主义的完美杰作，同时也具有极高的历史价值。

秦始皇陵位于陕西西安临潼区以东约5000米处的骊山北麓，是秦始皇下令仿照咸阳的格局建造的陵墓。如果不是1974年被偶然发现，这座考古遗址中的成千上万件陶俑将依旧沉睡于地下。

秦朝是中国历史上第一个统一的王朝，国君嬴政认为自己的功劳胜过三皇五帝，所以就称为"皇帝"，又因为他是第一个"皇帝"，故自称"始皇帝"，后人就称他为秦始皇。秦始皇戎马一生，经过20多年的南征北战，终于平定六国，建立了统一的秦王朝。兵马在秦始皇心目中的地位至高无上，再加上古人"事死如事生"的观念，秦始皇为了死后能和活着一样威风凛凛，便用阵容庞大的兵马俑为自己陪葬。

13岁继承王位的嬴政，按照秦国的厚葬之风，即位不久就为自己营建陵墓。在统一六国建立秦朝之后，他更是好大喜功，命令丞相李斯调集劳力70余万人，加紧修建陵墓，经过数十载的修建，最终在其去世后完工。

秦始皇陵规模巨大，面积达到56.25平方千米，主要包括城垣、封土、地宫、宫殿群等建筑。在秦始皇陵东面，便是面积达到2万平方米以上的兵马俑坑，出土了陶俑8000件、战车上百辆，以及数万件兵器等文物。这些陶俑

形态各异，尺寸、神态和真人十分相似。

秦始皇陵的整体结构是仿照秦朝都城咸阳修建的。人们经过考古发现，皇陵区分布着600多处陪葬坑或陪葬墓，在皇陵内，还设有地宫和地下排水系统。秦始皇陵的宏伟布局，体现了秦朝空前的政治和军事实力，也反映了中央集权下秦朝的丧葬制度乃至社会文化。

而秦始皇陵兵马俑，则像是一个庞大的"地下兵团"，这些兵俑身穿战袍、足蹬短靴，气度非凡，身高在1.78米到1.96米之间。他们手持短兵器、长兵器或是远射兵器，包括剑、矛、戈、弓等。马俑的大小和现实中的马相似，样子活灵活现。这些兵马俑是工匠以当时的现实生活为素材制造的，雕刻手法写实，注重细节刻画。它们不但在中国雕塑史上占有重要地位，还为人们提供了秦朝军事设备的独特见证。

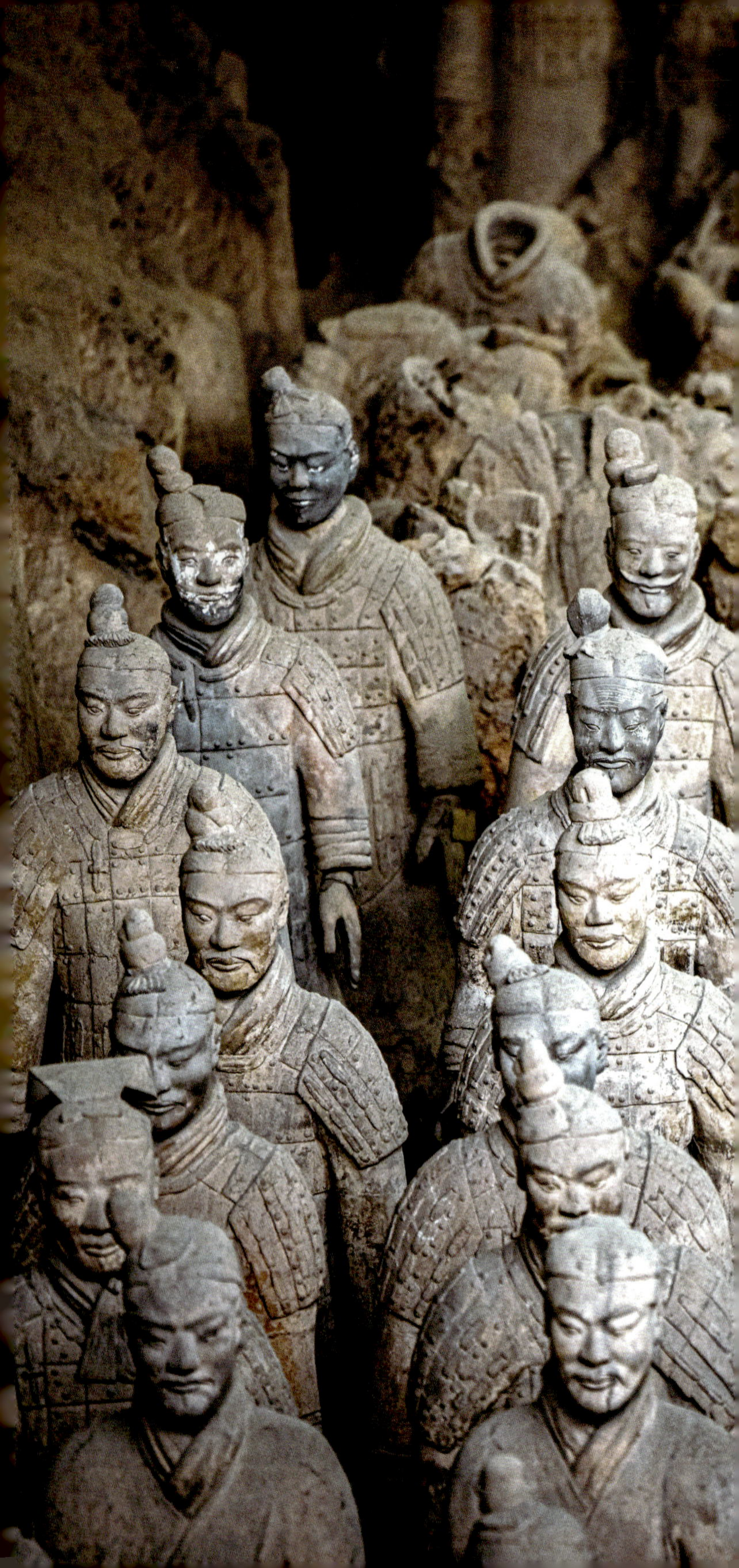

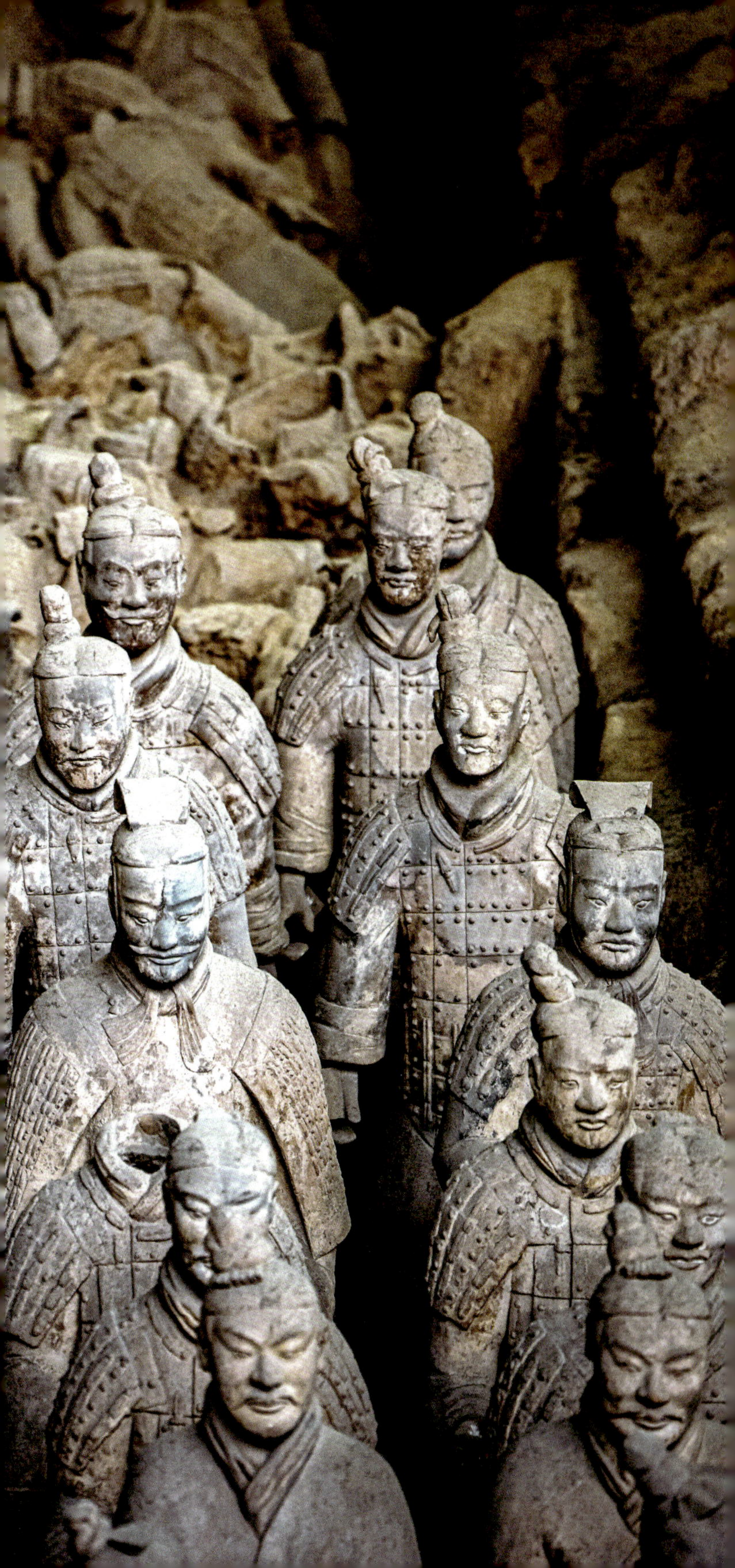

周口店北京人遗址

■ 1987年12月，周口店北京人遗址被列入《世界遗产名录》。

周口店北京人遗址位于北京市西南42千米处，目前，遗址的科学考察工作仍在进行中。科学家在这里发现了中国猿人属北京人的遗迹，他们大约生活在中更新世时代，同时发现的还有各种各样的生活物品，以及距今18000年至11000年前的新人类的遗迹。周口店遗址不仅是有关远古时期亚洲大陆人类社会的一个罕见的历史证据，而且阐明了人类进化的进程。

英国生物学家达尔文在其进化论中提出，人类的演化过程大致可分为四个阶段：南方古猿阶段、能人阶段、直立人阶段、智人阶段。其中第三阶段，能够直立行走的直立人，标志着由"猿"到"人"的根本转变。但是，在北京人被发现之前，这个阶段是否存在，科学家们一直争论不休。

早在1921年，考古学家便已经在周口店发现了破碎的人骨碎片，但却无法确定其年代。1928年，考古学家在周口店发现了一个年轻男子的头盖骨，据考证，这个年轻男子生活在约70万年到20万年前。人们给他起了个名字：北京人。北京人的发现，确定了直立人这一古人类演化阶段的存在。

随着进一步发掘，遗址内还出土了头盖骨、面骨、下颌骨、牙齿及残肢。经过对这些化石的研究，考古学家们还原了北京人的模样：他们身材较矮小，四肢和躯干和现代人基本相同，能够直立行走，但他们的头骨较平，眉骨凸起，嘴部和面部向前突。考古发现还证明这些北京人已经学会用火和制造石器，并用石器来砍伐树木、割开动物

的肉、修整木棒等。

到了1933年，考古学家又在周口店龙骨山的山顶洞穴内发现了距今18000年的山顶洞人化石。洞穴里还有骨针、穿孔的骨头坠饰等，说明当时的山顶洞人已经学会缝衣服御寒，甚至会戴上贝壳项链装饰自己。1973年，又一枚牙齿化石在龙骨山东南角被发现，经科学测定，这枚牙齿化石的主人生活在距今10万年左右，介于北京猿人和山顶洞人之间，被称作"新洞人"。

从20世纪初到现在，除抗日战争等特殊时期外，周口店北京人遗址的考古一直没有停下过。经现代技术检测，这里很有可能还藏有未被发现的古代化石，考古发掘还将继续进行下去。

武当山古建筑群

■ 1994年12月，武当山古建筑群被列入《世界遗产名录》。

　　武当山位于湖北丹江口境内，是中国的道教圣地。武当山古建筑群坐落在沟壑纵横、风景如画的武当山山麓，宫殿和庙宇构成了这一组世俗和宗教建筑的核心，集中体现了元、明、清三代的建筑和艺术成就。

　　武当山被视为道教的圣地。武当山现存的古建筑群主要包括太和宫、南岩宫、紫霄宫、遇真宫、玉虚宫、五龙宫等道教宫观遗址，同时还有200多处庵堂、祠堂等建筑，整个建筑群面积达到5万平方米。在这些古建筑中，存有大量造像、法器、供器、碑刻及图书文献。

　　早在唐朝，皇家就开始在武当山上修建宫观，宋元时期也陆续有修建。到了明朝，明成祖朱棣从侄子手中成功夺取皇位，他认为这是因为得到了真武大帝的庇佑，于是下令在武当山上大兴土木，供奉真武大帝。自此以后，明朝皇帝开始把武当山当成皇家祈福的家庙，在山上大规模地修建建筑。在明朝，武当山便获得了"大岳"的称号。它山势险峻，宫观中香火不断，渐渐发展成为道教圣地。

　　武当山的道教建筑群规模庞大且保存完好，为后人研究明朝政治、历史提供了重要的物证。从艺术角度而言，它们也是中国建筑艺术的瑰宝。

　　这些古建筑沿着山势蜿蜒而上，从高空望去，就像一条盘踞在武当山的巨龙。在建筑群中，以金殿最为夺目。它建在武当山的最高峰——天柱峰的山巅，已经在绝顶之上屹立了600多年，虽然饱受风雨雷电侵蚀，但依然光亮

如新，密封效果也未曾受到任何损坏。据史书记载，武当山金殿由20吨精铜和300公斤黄金铸造，是在北京铸成后再运往武当山的。专家们通过对金殿铸造工艺的研究发现，古代工匠在铸造金殿的机密铸件时，就已经考虑到武当山的天气变化和昼夜温差，为此，工匠们采用了特殊的铸造工艺。

　　武当山还孕育了武当武术。武当派始祖张三丰在13世纪开创了这一武术门派。武当武术和道教有很深的渊源，武当山的道士修炼时，通常会同时学习武术，以练功养身。

拉萨布达拉宫历史建筑群

■ 1994年12月，布达拉宫被列入《世界遗产名录》，2000年11月和2001年12月，大昭寺和罗布林卡分别增补列入，三者统称为拉萨布达拉宫历史建筑群。

布达拉宫自7世纪起成为达赖喇嘛的冬宫，是西藏佛教和历代行政统治的中心。布达拉宫坐落在拉萨河谷中心海拔3700米的红色山峰之上，由白宫和红宫及其附属建筑组成。大昭寺也建造于7世纪，是一组极具特色的佛教建筑群。建造于18世纪的罗布林卡，曾经作为达赖喇嘛的夏宫。这三处建筑精美绝伦，设计新颖独特，加上丰富多样的装饰以及与自然美景的和谐统一，更增添了其在历史和宗教上的重要价值。

布达拉宫建于山岩之上，占地面积40万平方米，建筑面积13万平方米，由宫殿、佛塔、灵塔殿、经堂、僧舍等组成。这些建筑由泥土、石头、木头筑成，充分体现了藏民族独特的建筑风格，同时融合了汉族以及尼泊尔、印度的建筑元素。布达拉宫收藏和保存了极为丰富的历史文物，其中有2500多平方米的壁画、近千座佛塔、数万件佛教造像，以及《甘珠尔经》、上万幅唐卡、贝叶经等珍贵

的经文典籍，还有明清两代皇帝封赐达赖喇嘛的金册、金印、玉印。这些文物都是传统文化的精华，同时，是西藏多民族文化融合的宝贵物证，为后人记录了西藏的历史、文化、宗教发展。

大昭寺共有四层，可分为南院和北院。它同样体现了藏族、汉族以及印度、尼泊尔等不同建筑风格的融合。在大昭寺内，供奉着释迦牟尼如意像，是藏传佛教信徒的朝拜圣地。

罗布林卡在藏语中意为"宝贝园林"，始建于18世纪中叶，历代达赖喇嘛会在夏季来到这里处理政教事务。罗布林卡藏有大量文物、典籍，还种植着多种植物。

在建筑设计、装饰和自然景观的配合上，布达拉宫历史建筑群的三处遗址各有特色：布达拉宫体现了宫堡式建筑特色，大昭寺具有寺庙建筑特色，而罗布林卡则带有园林建筑特色，三者均体现了人们杰出的创造力。对于众多的藏传佛教信徒而言，布达拉宫历史建筑群具有重要的宗教意义，千百年来成为高原人民的精神寄托。

承德避暑山庄及其周围寺庙

■ 1994年12月,承德避暑山庄及其周围寺庙被列入《世界遗产名录》。

承德避暑山庄是清朝王室的夏季行宫,位于河北境内,修建于1703年至1792年,是由众多的宫殿以及其他处理政务、举行仪式的建筑构成的一个庞大的建筑群。建筑风格各异的庙宇和皇家园林,与周围的湖泊、牧场和森林巧妙地融为一体。避暑山庄不仅具有极高的美学研究价值,而且见证和记录了中国最后一个封建王朝的巅峰与衰败。

清朝皇帝的皇宫是北京故宫,离宫则包括圆明园、颐和园以及距北京230千米的承德避暑山庄。康熙、乾隆、嘉庆、道光、咸丰五位皇帝都曾在避暑山庄长住,雍正皇帝未即位前也曾留居避暑山庄。

避暑山庄始建于1703年,中间经历了康熙、雍正、

乾隆三朝皇帝，共修建了89年才完成。避暑山庄占地564万平方米，是中国现存占地面积最大的古代帝王宫苑。但是，它并不是一般人想象中那样的金碧辉煌、风格华美，而是十分古朴静谧，低调地融入自然山水间。

避暑山庄在整体布局上，东南多水，西北多山，可分为宫殿区、湖泊区、平原区和山峦区，每个区域的景色都不一样。宫殿区是皇帝处理政务、休息和举行典礼的地方，林立的殿宇青砖灰瓦、古朴淡雅，和京城故宫红墙黄瓦的风格差异甚大。正宫是宫殿区的主体建筑，分为"前朝""后寝"，一共9进院落。皇帝和他的嫔妃们夏天前来避暑时便居住在这里，而大臣们也在这里和皇帝商讨国家大事。

平原区的西部有一片绿油油的草地，而走进平原区东部，又像是走进了大森林，到处是参天的古树，夏季非常凉快舒适。湖泊区则有多个湖泊，湖泊之间以堤、岛、桥相连，集合了南方园林和北方园林的特点，形成了来自天然、胜似江南的风格。山峦区是一片很特殊的地方，占山庄面积的4/5，高耸的山峰能为山庄遮挡来自西北的寒风。由于清代皇帝以及嫔妃信奉佛教，一些来觐见的少数民族贵族也有礼佛传统，因此在山峦区层层叠叠的山间，还分布着很多寺庙。

承德避暑山庄作为清朝皇帝的夏季行宫，见证了清王朝的历史进程，其建筑融合汉族、藏族、蒙古族等不同民族的建筑特色，体现了清朝作为多民族国家的发展历程。避暑山庄内的建筑，和周边的自然湖泊、山丘、牧场融为一体，展现了自然和人文建筑的完美结合。

曲阜孔庙、孔林和孔府

■ 1994年12月,曲阜孔庙、孔林和孔府被列入《世界遗产名录》。

孔子是公元前6世纪至前5世纪中国最伟大的哲学家、政治家和教育家。孔子的庙宇、墓地和府邸位于山东曲阜。孔庙是公元前478年为纪念孔子而兴建的,千百年来屡毁屡建,到今天已经发展成超过100座殿堂的建筑群。孔林里不仅有孔子的坟墓,而且他的后裔中有超过10万人也葬在这里。当初小小的孔宅如今已经扩建成庞大显赫的府邸,整个宅院包括了152座殿堂。曲阜孔庙、孔林和孔府之所以具有独特的历史文化价值,与2000多年来中国历代帝王对孔子的大力推崇密不可分。

公元前551年,一个名叫孔丘的男孩出生于距鲁国都城曲阜不远的尼山。谁也没想到,这个男孩后来会成为中国最伟大的教育家、思想家。

孔子的祖辈是鲁国的贵族,在3岁的时候,他的父亲去世了。孔子接受过士族教育,精通周礼。长大后的孔子成为中国历史上第一位开办私学的教师,他的弟子越来越多,名声逐渐越传越远,传到了鲁国国君的耳朵里。

鲁国国君需要一个精通周礼和外交的人,他选中了孔子,于是52岁的孔子被任命为鲁国大司寇。在齐鲁两国夹谷会盟中,孔子不卑不亢,不但从礼仪上维护了鲁国国君的尊严,还从当时强大的齐国要回来了一部分被占领的土地。这一次,孔子的名声传遍了大大小小的诸侯国。然而,鲁国国君对孔子的重用影响了其他贵族的利益,他们开始对孔子进行排挤。孔子愤而出走,周游列国。

孔子很想通过周游列国来宣传仁政,但那个时候各国都忙于在战争中抢夺土地、人口和财富,孔子始终没有受

到重用。直到68岁时，孔子才在弟子的帮助下被迎回鲁国。他继续当老师宣传自己的儒家思想学说，直到去世。

公元前479年，孔子逝世，享年73岁。他被安葬在故乡曲阜，也就是今日孔林的所在地。历经2000多年的岁月，至今有10万多名孔子的后代都长眠于此。在孔子去世后的第二年，当时的鲁国国君下令将孔子生前故宅改建为祭祀孔子的庙宇。其后历代王朝不断扩建、整修，孔庙规模越来越大。位于孔庙东侧的孔府，则是孔子嫡系子孙居住的地方。

孔子创立的儒家思想，在哲学、政治和伦理上对中国的历史文化产生了极其深远的影响，还被传播到邻近的日本、韩国和越南等国家。孔庙、孔林和孔府体现了儒家文化深厚的历史内涵，同时它们记载着孔氏家族的发展，为孔氏家族的历史提供了实质的证据。

平遥古城

■ 1997年12月，平遥古城被列入《世界遗产名录》。

平遥古城位于山西省晋中市，建于14世纪，是现今保存完整的中国古代城市的杰出范例。其城镇布局集中反映了中国传统建筑风格和城市规划的发展。特别值得一提的是，这里与银行业有关的建筑格外雄伟，因为19世纪至20世纪初期，平遥是整个中国的金融业中心。它为人们研究中国的历史、文化、社会、经济、宗教提供了重要的参考。

平遥古城包括城墙、街道、民居、寺庙、店铺等建筑，是典型的传统汉族城镇。古城的总面积达2.25平方千米，城墙全长6163米，墙高达12米，墙底宽10多米，墙的顶端宽3—6米。

在距今约2800年前，周朝的大将率领军队来到今日平遥古城的所在地驻扎。他们在这里修建房屋，并用土围出了一道城墙，这便成了最早的平遥古城墙。到1370年，土墙又被改建成为砖石城墙，这便是人们今日所见的平遥古城墙。

平遥古城素有"龟城"之称，这是因为古城的整体布局就像一只巨大的乌龟。古城共有六座城门，上、下东门和上、下西门如乌龟的四只脚；南门如乌龟的脑袋，南门前的两个水井如乌龟的眼睛；北门位置较低，城内积水由此流出，流水的痕迹就像乌龟的尾巴。

平遥古城不单单留下了珍贵的历史建筑，还是晋商兴衰的见证者。晋商的发展始于春秋战国时期，在明清时期达到巅峰。随着交易的频繁，清代晋商发展出了票号这种专门经营汇兑业务的金融机构。1826年，中国第一家现代银行的雏形——日昇昌票号便诞生在平遥古城。日昇昌

以票号汇兑的方式，取代了传统的镖局长途运送银圆的方式。日昇昌还先后在汉口、天津、济南、西安等地设立票号分庄。随着业务的需要，日昇昌也开始开展存款、贷款业务。1840年后，日昇昌的业务扩展到日本、新加坡、俄罗斯等国家，赢得了"天下第一号"的称号。那时候，平遥古城设有多家票号，仅仅在西大街、南大街，便有多达20多家票号总部，数量占全国的一半，是当时中国金融业的中心。

苏州古典园林

■ 1997年12月，苏州古典园林中的拙政园、留园、网师园和环秀山庄被列入《世界遗产名录》；2000年，沧浪亭、狮子林、耦园、艺圃和退思园作为扩展项目增补列入。

没有任何地方比历史名城苏州的九大园林更能体现中国古典园林设计"咫尺之内再造乾坤"的理想。苏州园林被公认是实现这一设计思想的杰作。这些建造于11—19世纪的园林，以其精雕细琢的设计，折射出中国文化取法自然而又超越自然的深邃意境。

中国传统园林中，除了皇家园林，还有属于文人、商人、官吏的私家园林，而苏州园林便是私家园林的代表。苏州园林的历史，可追溯到公元前6世纪春秋时期。时至今日，苏州城内仍有50多处古典园林，包括拙政园、留园、狮子林、网师园等。这些园林中的建筑物，以及家具、书法、绘画等艺术作品，均体现了中国传统文化的特点。

苏州水系密布，而且曲折往复，加上附近的太湖盛产太湖石，可以用来堆砌精巧的假山，非常适合造景。苏州园林一般占地面积小，园林的主人就在有限的空间里点缀假山、树木、亭台楼阁、池塘小桥，以中国山水花鸟画的情趣，营造出唐诗宋词般的意境。园林的很多细节充满巧思，令人称奇，如用各种形状的镂空窗户来造景，把门洞做成各种造型，等等。当官场失意的文人们坐在亭子里面，看到对面是水，水旁边有山，园中有园，景外有景，仿佛便将曾经的家国情怀都转移到了眼前的人间仙境。

苏州园林内有山石、流水、植物等各类自然元素，其设计理念取自自然，但却又超越了自然，自然和人文

建筑完美地融合在一起。苏州园林也体现了中国古代文人如何在城市的环境中协调隐居文化,将园林打造成大自然的缩影。

被称为"苏州园林之冠"的拙政园最初是唐代诗人陆龟蒙的住宅,后来,又成为明代监察御史王献臣归隐的地方。"拙政"二字出自古代名句,指不善在官场中周旋。拙政园内,亭台楼阁靠着池畔,西部有假山装饰,东部既有重檐建筑,又有奇形怪石相伴。

沧浪亭是苏州现存最古老的园林。宋代诗人苏舜钦在仕途不顺的时候来到苏州,发现了一处已荒废的园林,他买下后修缮废园,把废园打造成了今日的沧浪亭。除了嶙峋怪石、水上亭台,沧浪亭还有一座名为翠玲珑的书屋,书屋共由3间房子组成,房子弯弯曲曲地连接在一起,正好反映了苏舜钦在仕途不顺之时,对曲折命运的感受。

丽江古城

■ 1997年12月,丽江古城被列入《世界遗产名录》。

位于云南省西北部的丽江古城,把经济和战略重地与崎岖的地势巧妙地融合在一起,真实、完美地保存和再现了古朴的风貌。古城的建筑历经数个世纪的洗礼,融汇了多个民族的文化特色。丽江还拥有古老的供水系统,这一系统纵横交错、精巧独特,至今仍在有效地发挥着作用。

丽江古城始建于宋末元初,主要居民是纳西族人。因为地处云南、四川、西藏之间,所以自古以来,丽江便成为汉族、藏族、白族、纳西族等多个民族文化、经贸交流的中心,同时,也是古代南方丝绸之路和茶马古道的重地。明朝年间,掌管丽江的木氏土司曾参照紫禁城对古城进行改建,但在清朝,丽江古城又在战乱中受到破坏,直到20世纪后才得以陆续修缮。至今,丽江古城仍能真实地再现古朴的风貌。而多民族的融合,也让丽江形成了独特

的建筑、艺术以及城市风格。

古城内的建筑因地势的高低而起起伏伏,这里的住宅大多是由木、石和泥土修建而成的。建筑融合多民族的特色,主房、厢房和照壁围组成"三合院",主房一般供长辈居住,厢房则供小辈居住。当地人还会在屋檐下装饰鱼形状或树叶形状的木片,寓意"吉庆有余"。

丽江古城最美的除了一栋栋灰瓦白墙的房子,就是潺潺的溪流了。溪水发源于城北的玉泉河,在古城中分为西河、中河、东河三条岔河,分别穿城而过。每条岔河又分成若干支流,家家户户门前都有流水。清澈的溪流为居民用水提供了极大的方便,同时,也增加了空气的湿度,还有利于防止火灾。这套古老的供水系统复杂且具有独特性,至今仍有效地运行着。

丽江古城虽是一座"城",但它并无城墙,这是因为相信风水学的木氏土司认为,如果在城市外面建一道城墙,就好像是在木字外面加了一个框,成了"困"字,这样特别不吉利,所以丽江古城一直以来就没有城墙。

北京皇家园林——颐和园

■ 1998年11月，北京皇家园林——颐和园被列入《世界遗产名录》。

颐和园位于北京西北郊，是清代皇家的园林及行宫。它始建于1750年，1860年在战火中被严重损毁，1886年在原址上重新进行了修缮。其亭台、长廊、殿堂、庙宇和小桥等人工景观，与自然山峦和开阔的湖面相互和谐地融为一体，具有极高的审美价值，堪称中国风景园林设计的杰作。

颐和园主要分为三个区域：宫廷区，皇帝在这里处理政治活动；居住区，皇家在这里居住享乐；风景区，包括拜佛的场所和大片风景。

颐和园展现了多种中国古代的建筑形式，如亭台楼阁、殿堂、庭室、桥、长廊等。如造型优美的玉带桥，是用汉白玉石、青石修建而成的；全长150多米、雕刻着500多只形态各异的石狮子的十七孔桥，是这座皇家园林中最长的桥梁；园内还有全长728米的长廊，长廊内绘有8000多幅山水、花鸟、人物彩画，犹如一幅中华历史文化长卷；苏州街则是仿照江南景致设计的一条水街，水街两岸有茶馆、药房、点心店等店铺，再现了江南水乡的商业氛围。颐和园是数百年来皇家园林设计的巅峰，它完美地展现了如何将人文建筑与自然融为一体，对东方园林艺术的发展产生了重要的影响。

颐和园始建于清乾隆年间，是乾隆皇帝为了孝敬他的母后孝圣宪皇后修建的。从1750年至1764年，乾隆皇帝曾六次出巡江南，他很喜欢江南的山水园林，为了将江南美景搬到北京，他命画师奔赴杭州西湖临摹了全景图，作为在北京修建园林的参考。在工匠们的努力之下，清漪

园——颐和园的前身诞生了。

清漪园内有昆明湖、万寿山和众多建筑，秀气的自然景色和恢宏的皇家建筑交相辉映。可这番景象却在1860年毁于英法联军之手。当时清朝国力衰弱，并无财力马上修复园林，直到1886年，清廷才重新修建清漪园。由于当时清廷的大权掌握在慈禧太后手中，因此园林的修复大多迎合了慈禧太后的喜好。

如宫廷区的仁寿殿，是慈禧太后住在园内时垂帘听政的地方；仁寿殿北面的德和园，是慈禧太后看戏的地方，园内的大戏楼高21米，是专门为庆祝慈禧60岁生日修建的；乐寿堂则是慈禧在颐和园日常生活起居的地方。

清漪园的修复工程一直没有对外公布，但朝廷上下或多或少都知道，对此议论纷纷。到了1888年，慈禧太后为了平息非议，便对外宣称清漪园原本是乾隆皇帝为了孝敬皇太后而修建的，现在修复园林，也是因为皇帝效仿祖先，并将修复后的园林改名为"颐和园"。

北京皇家祭坛——天坛

■ 1998年11月,北京皇家祭坛——天坛被列入《世界遗产名录》。

天坛建于15世纪上半叶,坐落于皇家园林中,四周古松环抱,是保存完好的坛庙建筑群。无论其整体布局,还是单一建筑,天坛都反映出天地之间(即人神之间)的关系,而这一关系在中国古代宇宙观中占据着核心位置。同时,这些建筑还体现出帝王在这一关系中所起的独特作用。

中国古代的皇帝自称天子,也就是天的儿子,是秉承天意治理天下的。因此,祈求上天保佑国家风调雨顺的祭典,便十分重要。祭天的典礼是中国古代祭祀典礼中等级最高和最隆重的。天坛,是明清两代皇帝祭天、求雨、祈求风调雨顺的重要祭坛,它包括:排列在南北轴线的圜丘坛、祈谷坛;内坛墙、外坛墙及分割圜丘坛、祈谷坛的隔墙;还有斋宫、神乐署、牺牲所等建筑。

天坛最重要的建筑是供奉"皇天上帝"牌位的祈年殿，它的主要功能就是"祈年"，祈祷风调雨顺、五谷丰登。祈年殿中，"节气""时辰"以及"年"的寓意无处不在。殿内有4根镏金大柱，称龙井柱，象征一年四季；中层的12根红漆柱，象征一年的12个月；外层的12根红漆柱，象征一天的12个时辰；中层12根红漆柱与外层12根红漆柱相加为24，代表一年当中的24个节气。

　　圜丘坛分3层，每层四面各有台阶9级。每层周围都设有精雕细刻的汉白玉石栏杆。栏杆的数目均为9的倍数，即上层72根、中层108根、下层180根。同时，各层铺设的扇面形石板的数目，也都是9的倍数。

　　中国历代均有建造祭坛朝拜上天，天坛是多个祭坛中最具代表性的。天坛从选址、规划到建筑的设计、施工，都基于中国古人对上天的信仰。它用巧妙的建筑，将天和人连接在一起。

大足石刻

■ **1999年12月，大足石刻被列入《世界遗产名录》。**

  大足石刻位于重庆市大足区境内，那里的险峻山崖上，保存着绝无仅有的系列石刻，时间跨度从9世纪到13世纪。这些石刻以其极高的艺术品质、丰富多变的题材而闻名遐迩，从世俗到宗教，鲜明反映了中国这一时期的日常社会生活，生动再现了这一时期佛教、道教和儒家思想和谐相处的局面。

  大足石刻的开凿源于唐朝，历经晚唐、五代，盛于两宋时期，距今已有1000多年的历史。相传唐朝安史之乱后，有一个叫韦君靖的地方官员趁乱占领了大足地区。他招募了大批工匠在北山崖壁上开凿佛像，这成为开凿大足石刻的开端。自此之后，富豪、百姓、僧人纷纷在大足雕刻造像，留下了无数的历史遗迹。时至今日，留存有75处石窟、5万多尊造像、10万多字铭文，规模十分宏大，其中又以宝顶山、北山、石篆山、石门山、南山"五山"为代表。大足石刻的内容从宗教故事到日常生活场景，题材丰富多变。

  南宋时期，僧人赵智凤在宝顶山建寺开窟，历时70年建成了近万尊摩崖造像。其中，大佛湾规模最为庞大，在其东、南、北三面的崖壁上，雕刻了数千佛教造像。这些造像彼此相连，犹如一幅气势宏大、人物众多的长卷。宝顶山摩崖造像中也有很多生活化的题材，如有一幅"牧牛图"长27米，生动地描绘了牧牛的场景。

  北山的摩崖造像始刻于唐末，至南宋结束，造像沿着崖壁延伸，长500多米，共有5000余尊，龛窟多得如同蜂房。这里的造像题材广泛，多达21种，尤以观音造像最富特色，被誉为"中国观音造像的陈列馆"。另外，136号转

轮经藏窟中的普贤菩萨，面相清秀，神态微妙，给人以娴静端庄、温柔秀雅之感，被誉为"东方维纳斯"。

石篆山的造像则是在北宋年间开凿的，山崖崖面长约130米。最具特色的是6号、7号、8号石窟，并刻了儒教、佛教、道教造像。

石门山的造像也刻于宋代，共有12龛窟。其中道教造像最有特点，如三皇洞中的35尊造像，风格儒雅清秀，虽然是神仙，却颇有人间烟火气。石门山的佛教题材造像，则以十圣观音窟为最美。

南山的石刻造像起于南宋时期，共有15龛窟，主要题材为道教造像，如三清洞、龙洞、真武大帝龛等。南山石刻是现存中国道教石刻中，造像数量最多、最集中的一处石刻群。

大足石刻的雕刻作品保存完好，而且规模宏大、题材丰富，是中国古代洞穴艺术的典范。更可贵的是，这里同时保存了儒教、佛教、道教的造像，为当时三种宗教和谐共存的景象提供了实质的证明，记录了中国古代宗教信仰的发展。而那些刻画日常生活的造像，也为后人研究古人生活提供了参考。

皖南古村落——西递、宏村

■ 2000年11月,皖南古村落——西递、宏村被列入《世界遗产名录》。

西递、宏村古村落在很大程度上仍然保持着在20世纪已经消失或改变了的乡村的面貌。其街道规划、古建筑和装饰,以及完备的供水系统,都是非常独特的文化遗存。

皖南历史悠久,这里有着大量古老的传统村落。这些古村落和当地的地貌、山水完美融合。明清时期,财力雄厚的徽商对家乡文化教育发展的大力支持,更为这些古村落平添了浓厚的文化气息。西递、宏村,便是皖南古村落中颇具代表性的两座村落。

西递始建于北宋皇祐年间,至今有近1000年历史。该村落东西长700米、南北宽300米,原本为胡氏家族的聚居地。西递的整体布局呈船形,一条纵向的街道及两条沿着溪水蜿蜒的街道为村落的主街,整个街道系统以东西向为主,向南北延伸。街巷以青石铺路,古老典雅。这里的古

建筑大多用木头和砖石修建，建筑上有形态各异的木雕、石雕。西递仍保存着上百栋明清时期的民居和数栋祠堂。这些民居的主人大多是徽商，在他们的客厅里，会摆放着瓷瓶、镜子和自鸣钟，寓意着对在外经商的家人"平平静静"的美好祝福。在村中，还有一座清朝康熙年间建造的履福堂，厅堂内挂着"读书好营商好效好便好，创业难守成难知难不难"的对联，代表了先辈对后辈的勉励。

宏村始建于南宋绍兴元年（1131），有近900年历史。"宏村"这个名字代表着聚居在此的汪氏家族对后辈恢宏发达的期盼。宏村现存上百栋明清时期的古建筑。这些建筑依山傍水，白墙灰瓦，宛如一幅天成的水墨画。宏村著名的人工水流系统，将溪水引入村中，从家家户户门前流过，流经池塘过滤后，再次绕屋穿户，最后流向村外的南湖。这套水流系统不但方便了居民的生活、生产用水，甚至还调节了当地的气候，设计十分巧妙。

龙门石窟

■ 2000年11月,龙门石窟被列入《世界遗产名录》。

龙门石窟位于河南洛阳南郊,其石窟和佛龛包含北魏晚期至唐代期间最具规模和最为优秀的中国石刻艺术作品。这些反映宗教题材的艺术作品,代表了中国石刻艺术的一大高峰。

龙门石窟的开凿,始于北魏皇帝孝文帝迁都洛阳时期。493年,孝文帝率军从都城平城(今山西大同)出征南齐,准备讨伐南朝。他带领军队到达洛阳的时候,遇上了持续降雨,无法继续开拔,只好在原地停留。此时,孝文帝看到了东汉、曹魏、西晋的都城遗址,他意识到,要统一中国,就必须把首都定在中原地带。因此,他决定把首都迁往洛阳。而孝文帝向来信仰佛教,在迁都的同时,他也下令在洛阳龙门山开凿佛教造像,龙门石窟的开凿历史就此展开。经过10多个朝代长达1400多年的陆续营造,在绵延1千米

的岩壁上，留下了数千个密布的洞窟像龛，现存造像11万余尊、佛塔60多个。

在龙门的所有洞窟中，北魏洞窟约占30%，唐代洞窟约占60%。洞窟内的造像、碑刻等，大多保存良好。这些独具匠心的石窟艺术作品，与洞穴及优美的自然景观融为一体，体现了人文艺术与自然的完美结合。同时，它们也为人们研究中国古代的宗教、文化、政治提供了重要的历史素材。龙门石窟的造像有不少都是皇家、王公大臣等贵族主导修建的，反映了5至10世纪统治阶层崇佛信教的盛衰变化，也从侧面反映了历代政治、社会、经济发展面貌。

龙门石窟中有一尊引人注目的大佛——卢舍那大佛，通高17.14米，头高4米，耳朵长达1.9米，佛像面部丰满圆润，双眉弯如新月，眼睛微微凝视着下方，高直的鼻梁，小小的嘴巴，露出祥和的笑意。这座佛像开凿于675年，据说是以唐代女皇武则天为原型塑造的。卢舍那像主尊高坐于莲台之上，威严而安详，周边的菩萨、天王等造像，各具姿态。

明清皇家陵寝

■ 2000年,中国的三处明清皇家陵寝——明显陵、清东陵、清西陵被列入《世界遗产名录》;2003年,明十三陵和明孝陵作为明清皇家陵寝的一部分被列入;2004年,盛京三陵(清永陵、清福陵、清昭陵)作为明清皇家陵寝的扩展项目被列入。

明清皇家陵寝是明、清两代王朝精心规划营建的帝王陵墓,分布于北京、河北、辽宁、江苏、湖北等地。它们将中国古代陵墓营建活动推向了最后的顶峰。

几千年来,中国古人一直有"敬祀祖先,慎终追远"的传统,加之笃信灵魂和死后世界的存在,形成了中国社会"厚葬""事死如事生"的风尚。历代封建王朝的统治者更是不惜花费大量的财力、物力、人力,汇聚全国能工巧匠,为自己营建陵墓。陵墓建筑也因此成为中国古代建筑的重要组成部分。

明清皇家陵寝是中国古代陵墓建筑的集大成者,集中阐释了封建帝国晚期持续500余年的世界观与权力观。

位于南京紫金山南麓的明孝陵,是明朝开国皇帝朱元

璋与其皇后的合葬陵寝。明孝陵于1381年正式动工，几万名工匠耗时数十年才完工。它被称为"明清皇家第一陵"，后来北京的明十三陵、河北的清东陵和清西陵，都是按照它的建筑格局营建的。

明清皇家陵寝在选址和规划上严格遵循中国传统的风水理论，要对山川形势、水文、地质、气候等诸因素进行严格的考察。在广阔的区域内，所有的山体、水系、林木植被，都被作为陵寝的构成要素，统一布局安排。

明清皇家陵寝还有着十分严格的规制。例如清东陵的15座陵寝，便是按照"居中为尊""长幼有序""尊卑有别"的传统观念设计排列的。清朝入关后的第一位皇帝顺治帝的孝陵位于陵区中心轴线上，其余皇帝陵寝则按辈分高低，分别在孝陵的两侧呈扇形东西排列开来，形成儿孙陪侍父祖的格局。同时，皇后陵和妃园寝都建在本朝皇帝陵的旁边，表明了它们之间的主从、隶属关系。此外，凡皇后陵的神道都与本朝皇帝陵的神道相接，而各皇帝陵的神道又都与孝陵神道相接，从而形成了一个庞大的枝状系，其统绪嗣承关系十分明显，表达了生生息息、国祚绵长的愿望。

青城山—都江堰

■ 2000年11月，青城山—都江堰被列入《世界遗产名录》。

都江堰水利工程位于四川省都江堰市，建于公元前3世纪，主要结构包括鱼嘴、宝瓶口及飞沙堰。至今它仍控制着岷江的水流，灌溉着成都平原肥沃的农田。除了灌溉功能，它还有防洪、航运等功能。青城山则位于都江堰的西南边，它是中国道教的发源地，因许多古庙而著称。

古时候，成都平原时常会遭遇洪水。从岷山奔泻而来的江水进入成都平原后，水速突然减慢，大量泥沙和岩石随即沉积下来，淤塞了河道，导致成都平原饱受水灾之苦。成都平原之所以能成为"天府之国"，源自公元前256年，一个名叫李冰的人被任命为蜀郡太守。李冰到任之后，为了解除成都平原的水灾之患，他和儿子率领当地民众修建了都江堰水利工程。2000多年来，都江堰一直发挥着防洪、灌溉的作用，使成都平原成为沃野千里的"天府之国"。

都江堰主要分为鱼嘴、飞沙堰及宝瓶口三个部分。鱼嘴负责将岷江分为内江和外江，内江进入成都平原，补给城市的生活用水，外江则绕过城市，顺势流走。这一设计同时解决了枯水期的用水和洪水期的防涝问题。飞沙堰负责泄洪、排走泥沙和调节水量。飞沙堰还有一个人工的阀口。进入内江的水虽然所携带的泥沙较少，但长此以往同样会成为祸患。河沙随水进入飞沙堰，随后就被旁边狭窄的宝瓶口制约了。三个部分有机配合，协调运行，形成了集灌溉、泄洪、排沙于一体的工程。

自公元前3世纪以来，都江堰始终有效控制着岷江的

水流，把成都平原灌溉成一片丰饶沃土。这一古老的灌溉系统，不但具有现实的实用价值，而且是水流管理系统及灌溉技术发展的重要里程碑，是中国古代取得的重要科技成就之一。

距离都江堰水利工程约10公里的青城山，是道教的发源地，山上的庙宇与道教关系紧密。青城山素有"青城天下幽"的美誉，许多人喜爱这里幽静的环境，相传黄帝时代就有人居青城山修道。东汉时，张道陵来到青城山，在此结茅传道，创立了中国的本土宗教——道教。青城山也因此成为中国道教名山之首。

云冈石窟

■ 2001年12月，云冈石窟被列入《世界遗产名录》。

云冈石窟位于山西省大同市，现存洞窟252座、石像约51000尊，代表了5世纪至6世纪中国高超的佛教艺术成就。"昙曜五窟"整体布局严整、风格和谐统一，是中国佛教艺术发展史的第一个巅峰。

云冈石窟是中国早期佛教洞窟艺术的杰作，具有独特的艺术特色。在雕刻技艺上，云冈石窟展现了印度犍陀罗艺术、波斯艺术和中国传统艺术的结合。同时，云冈石窟也记录了佛教在中国发展的历史，反映了当时的人们对佛教信仰的态度。

云冈石窟的佛像有大有小，最大的高达17米，最小的仅高2厘米。其中，第18窟的大佛特别引人注目。这尊佛像神情安然，左手拿着衣角放在胸前。而让人疑惑的是，它身上穿了一件罕见的袈裟，袈裟上雕刻着上千个神态各异的小佛像，有的神态自若，有的表情痛苦，有的面目悲伤，有的祥和安然。关于这尊大佛的故事，还要从北魏太武帝拓跋焘"灭佛"说起。

太武帝拓跋焘在位期间，北魏社会佛教和道教的矛盾异常尖锐。445年，太武帝率领军队抵达长安。他发现长安的一处寺庙中竟然藏有大量的兵器以及酿酒器具、财物，还有供僧人淫乱取乐的密室，不禁勃然大怒。随行的大臣崔浩是道教信徒，趁机建言废除佛教，以防后患。太武帝采纳了他的建言，下达了一道震惊天下的"灭佛诏"，中国历史上最大规模的"灭佛"运动由此开始。大量的佛教寺庙被拆毁，佛像、佛经被焚烧，佛寺僧人纷纷逃亡，百姓人心惶惶。佛教在中国的传播遭受了前所未有的挫折。

文化遗产

　　在"灭佛"运动中侥幸逃生的高僧昙曜,坚持弘扬佛法,每日贴身穿着法服,片刻不离身。他始终希望,佛教有一天能够重新展现它的光芒。

　　后来,昙曜在460年继任北魏管理佛教事务的最高主持人——沙门统。当时的文成帝为了安定民心,正准备重振佛教。昙曜建议文成帝在武州山南麓开凿佛窟,文成帝认为,正好可以借此忏悔祖父"废佛"的过错,也可以为祖先追福,便同意了。云冈石窟的开凿工程就这样开始了。

　　安坐在第18窟的大佛,正是代表诏令"灭佛"的太武帝拓跋焘;大佛袈裟上的无数个小佛,则代表着在"灭佛"事件中遭受苦难的佛教信徒。整座大佛寓意着太武帝已经诚心悔改,重新修复与佛教和佛教徒的关系。

高句丽王城、王陵及贵族墓葬

■ 2004年7月，高句丽王城、王陵及贵族墓葬被列入《世界遗产名录》。

高句丽王城、王陵及贵族墓葬位于吉林省集安市和辽宁省桓仁县，包括五女山城、国内城、丸都山城3座王城，12座王陵和26座贵族墓葬，以及好太王碑和将军坟一号陪冢。高句丽政权曾是中国东北地区影响较大的少数民族政权之一，在东北亚历史进程中发生过重要作用。

高句丽政权始于公元前37年，止于668年，在历史上存在了705年。在668年，高句丽被唐朝和新罗联军所灭。高句丽已经湮灭在历史长河之中，但高句丽王城、王陵和贵族墓葬都保留了下来。

高句丽王朝在吉林集安留下了1万多座墓葬，分布在靠山位置的大多是石坟，而分布在河谷间和平川地带的，大部分都是土坟。这些墓葬中，有不少宏伟的贵族墓葬和王陵，其中最受人瞩目的，是集安东北郊的一座大石堆。

这座大石堆就像一个缺少了尖顶的金字塔。大石堆的底层是整齐的边长约30米的正方形，整个建筑的高度约12米。这座大石堆其实是一座陵墓，名为"将军坟"。如此巨大的将军坟，由约1100块花岗岩石砌成。在每块巨石的边缘，都有一道凹槽，而叠在巨石之上的另一块石头便正好嵌入凹槽之中，这样一块块大石头便稳稳当当地叠在一起，这也是将军坟在经历千年的风雨后仍屹立不倒的原因。

在高句丽贵族的墓室里，除了埋下华丽的金银珠宝作为陪葬品，还有古代匠人精心绘制的色彩鲜艳的壁画。这些墓室壁画描绘了当时人们生活的场景：有的壁画描绘宴饮，男主人坐在中间，两名女子坐在旁边，男女侍从贴心

地为主人服务；有的描绘百戏，主人和客人们在大树下欣赏猴戏；有的描绘跳舞、摔跤比赛；骑马狩猎的高句丽人物形象也出现在壁画中。除此之外，日月星辰、神明、怪兽和各种装饰图案也被画在墓室里。

这些王城、王陵及贵族墓葬，为消失在历史长河里的高句丽王朝提供了重要的历史见证。而墓室内的壁画，具有独特的绘画技巧和风格，是反映当时人们创造力的杰作。

澳门历史城区

■ 2005年7月,澳门历史城区被列入《世界遗产名录》。

澳门是一个繁华兴盛的港口,在国际贸易发展中有着重要的战略地位。从16世纪中叶开始,澳门处于葡萄牙统治之下,直到1999年12月20日,中国政府对澳门恢复行使主权。澳门历史城区保留着结合西方风格与中国风格的古老街道、住宅,以及宗教和公共建筑,反映了东西方文化、艺术的交融,是在国际贸易发展的基础上,中西方早期交流和持续沟通的见证。

澳门历史城区以澳门旧城区为核心,由相邻的广场及街道组成,包括大三巴牌坊、妈阁庙、岗顶剧院、圣若瑟修道院及圣堂、港务局大楼、民政总署大楼、玫瑰堂、大炮台等22座建筑和8个广场前地。

自16世纪中叶开始,来自葡萄牙、西班牙、荷兰、英国、法国、意大利、美国、日本等不同地方的人,在澳门

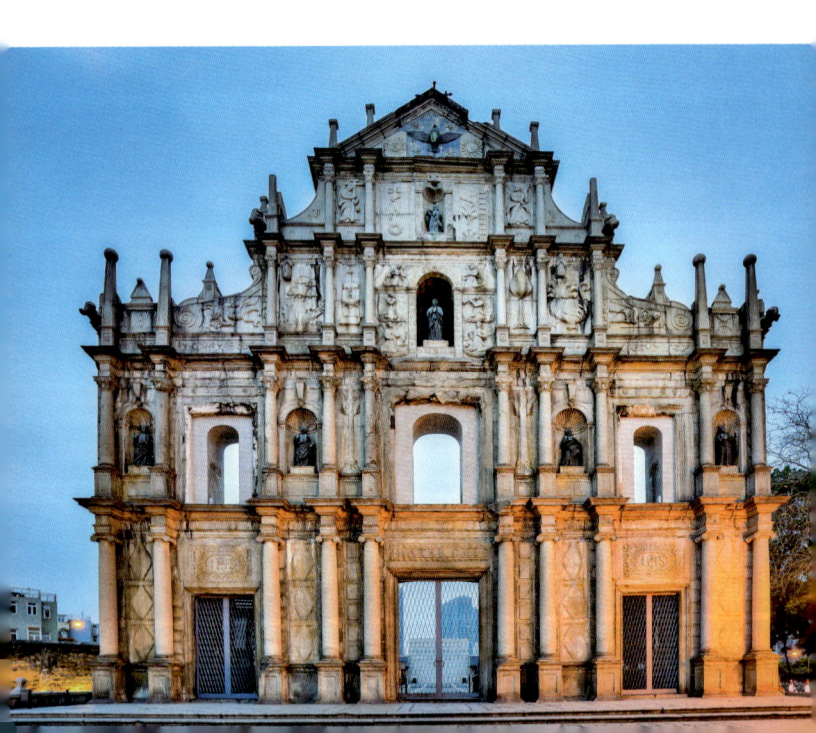

历史城区内盖房子、建教堂、修马路、筑炮台。这些建筑建成时间从明朝至民国，时间跨度达400多年。

这里的每一座建筑都有自己的故事。例如大三巴牌坊，它的修建便整整经历了35年。1565年，耶稣会传教士来到澳门半岛，并在1583年建起了教堂和修院。他们希望将自己对上帝的信仰传播到古老的中国，可是没想到，1595年一场大火将整座教堂和修院都变成了灰烬。但传教士们并没有因此放弃，不久之后，他们又建成了一座小教堂和修院。但到1601年，教堂又发生了一场大火，只留下一座小讲堂。传教士们依然很执着，他们在1602年开始修建圣保禄教堂。1835年，圣保禄教堂被大火焚毁，仅余下教堂前壁，也就是我们今天看见的大三巴牌坊。大三巴牌坊为巴洛克风格，以花岗岩建成，上下共分五层，雕刻精细，融合了东西方建筑艺术的精华。

岗顶剧院是中国第一座西式剧院。16世纪，歌剧院开始在欧洲出现。在澳门的葡萄牙人希望自己在澳门也能享受到美妙的歌剧，于是他们便在1860年建成了岗顶剧院。岗顶剧院的建筑外貌呈淡绿色，外墙还有白色的装饰，门窗呈墨绿色。剧院里的观众席排列成贝壳的形状，分为上下两层，一共有276个座位。

澳门历史城区是中国境内现存年代最远、规模最大、保存最完整和最集中，以西式建筑为主、中西式建筑互相辉映的历史城区，是400多年来中西文化交流互补、多元共存的结晶。

殷墟

■ 2006年7月，殷墟被列入《世界遗产名录》。

殷墟靠近河南省安阳市，位于北京以南约500千米处，是商代晚期的都城遗址。商周时期是中国早期文化、艺术和科学的黄金时代，是中国青铜器时代最繁荣的时期。在殷墟遗址出土了大量王室陵墓、宫殿，遗址中的宫殿宗庙区拥有80处房屋地基，还有唯一一座保存完好的商代王室成员大墓"妇好墓"。殷墟出土的大量工艺精美的陪葬品，证明了商代手工业的先进水平。在殷墟还发现了大量甲骨窖穴。甲骨上的文字对于研究中国古代信仰、社会体系以及汉字这一世界上最古老的书写体系之一的发展，有着不可估量的价值。

在中国早期史书里，有"盘庚迁都"的记载。盘庚是中国历史上第二个奴隶制王朝商朝的第十九个王。商朝建立以来，以原始部落的游牧业为主，经常迁都，盘庚继位后，决定将都城固定在土地肥沃的地方。盘庚迁都后的相当一段时间内，王位代代传承，百姓安居乐业。而一直以来，人们并不知道盘庚迁都的地点在哪里，直到发现了殷墟。

1928年，考古学家开始对殷墟进行考察。随着持续多年的考古不断深入，一座殷商时期的古城渐渐出现在人们面前，有庞大的宫殿区，有绵延的陵墓区。1936年，殷墟还出土了17000多块龟板，其时代是距今3000年前的商王武丁时期。贮藏如此多龟板的地方，只能是商朝都城才能拥有的"国家档案库"。它们证明了盘庚迁都的都城所在地就是殷墟。

考古学家通过对殷墟的研究，对商朝人的生活有了了解。商朝人的长相和现代人差不多。商朝的社会等级相当

严明，商王和王室成员属于社会的最顶层，其次是各族的族长和官吏，然后才是普通老百姓。

当时的商朝王室，生活已经非常奢侈，住在豪华的宫殿里，享受着蒸煮的肉食，喜欢佩戴各种各样的玉器，每逢重大庆典或纪念日，还经常举行大型的祭祀活动。殷墟里建设时间最早、使用时间最长的建筑，被认为是商王朝的朝堂和后宫；结构繁复、面积巨大、互相连属的建筑，被认为是商王朝的宗庙；还有一些建筑，被认为是商王朝的祭坛。这些建筑按照后寝、左祖右社"的格局依次排列。在宫殿宗庙遗址的西、南两面，还有一条人工挖掘而成的护城河，构成严密的防洪、防御体系。中国古代后世的宫殿城池建筑，都延续了这种格局。

开平碉楼与村落

■ 2007年6月,开平碉楼与村落被列入《世界遗产名录》。

广东省开平市以用于防卫的多层塔楼式乡村民居——碉楼而著称。开平碉楼展现了中西建筑和装饰形式复杂而灿烂的融合,表现了19世纪末20世纪初开平侨民在南亚、澳洲、北美地区发展进程中的重要作用,以及海外开平人与故里的密切联系。入选世界遗产的包括4组共计20座碉楼,是村落群中近1800座塔楼的代表。同时,碉楼与周围的乡村景观和谐共生,见证了明代以来以防匪为目的的当地建筑传统的最后繁荣。

清末时期,中国社会动荡,国家贫穷,这导致不少开平人离开家乡到美国、加拿大、澳大利亚等国寻找工作。但到了20世纪初,美国、加拿大排华浪潮高涨,不少在外的华侨回到国内,或者将赚来的血汗钱寄回家,打算和家人经营自己未来落叶归根的家园。这一时期,为开平碉楼的形成提供了契机。

华侨将自己在国外所见的建筑特色与中国本土建筑特色相融合,便形成了碉楼这种特色建筑。碉楼见证了中西方艺术的融合,也间接记录了19世纪末到20世纪初,开平华侨对北美国家、澳大利亚、南亚国家发展作出的贡献,以及海外华人对故乡的眷念。

开平碉楼主要分为三种形式:由若干户人家共同兴建的众楼,为临时避难之用,现存473座;由富有人家独自建造的居楼,同时具有防卫和居住的功能,现存1149座;出现时间最晚的更楼,为联防预警之用,现存221座。

众楼的外观比较朴素,是最早出现的碉楼。而有些富裕人家希望能拥有自己的碉楼,于是便建造了居楼,一家人住在一座大碉楼里。居楼一般有较大的空间,生活设备

也比较完善。还有一种碉楼十分高耸,建造在视野开阔的村口,上面还配有探照灯和报警器,这就是专门用于防御土匪的更楼。它像是守卫村落的士兵,一旦发现入侵者闯入,便可以向村子的百姓通风报信。

楼层高方便人们观察敌情,所以碉楼比一般的民居高得多,最矮的碉楼也有3层,最高的能有9层。碉楼的外墙和大门都很厚,有的竟然达1米多厚。碉楼的窗户较小,人们能够在碉楼内悄悄地观察敌人的动静,相反,敌人却很难从外面看见碉楼里的状况。在碉楼上部的四个角,可见形状像笔筒一样的建筑,上面还有几个小孔,这是被开平人称为"燕子窝"的防御性岗亭。"燕子窝"的四周,都有供开枪射击的小孔,当遇到敌人来袭,人们便躲进"燕子窝"向外射击。

福建土楼

■ 2008年7月,福建土楼被列入《世界遗产名录》。

　　入选世界遗产的福建土楼由永定、南靖、华安的"六群四楼"共46座土楼组成,包括永定的初溪土楼群、洪坑土楼群、高北土楼群、衍香楼、振福楼,南靖的田螺坑土楼群、河坑土楼群、和贵楼、怀远楼,以及华安的大地土楼群。

　　15—20世纪期间,客家人从中原向南方迁移。随着客家人在福建、广东等地落地生根,土楼也在华南各地大量出现。在福建省西南部,大片的土楼出现在稻田和茶田间。土楼的出现,既是出于防御野兽、强盗的实际需求,也是因为客家人非常重视家族,希望整个家族可以住在一起。一座土楼往往能住上约800人,里面就是一个小小的社会,在大族长的带领下,人们共同生活、和睦相处。

客家人建造一座土楼，往往需要靠整个家族的共同努力，通常要历时数年，大型土楼甚至要历时数十年。和西方城堡不同的是，土楼不是用石块垒砌的，而是用生土、石灰、糯米、木材等材料修建的。土楼结构独特，内部的窗台、门廊、檐角等制作精巧华丽。修造完成之后，土楼的寿命一般都很长，一座大型土楼甚至可以供十几代人居住。

　　福建山地多，人们常选择在山谷间平坦的地方修建土楼。土楼内水井、厨房、仓库、卧室、厕所一应俱全。遇到危险时关闭大门，土楼就可以满足全楼人几个月甚至几年的生存需要，能让全族人在危险的环境中得到安全和生活保障。因为土墙下厚上窄，所以土楼十分坚实，还有防风、防水和防震的功能。很多土楼在历史上都经历过多次洪水、地震，历经数百年却屹立不倒，真是非常神奇的建筑。

登封"天地之中"历史建筑群

■ 2010年8月,登封"天地之中"历史建筑群被列入《世界遗产名录》。

登封"天地之中"历史建筑群位于河南嵩山——被认为具有神圣意义的中岳。在海拔1500米的嵩山脚下,有8座占地共40平方千米的建筑群,其中包括3座汉代古阙、中国最古老的道教建筑遗址——中岳庙,以及周公测景台与登封观星台等。"天地之中"历史建筑群历经汉、魏、唐、宋、元、明、清诸朝至今,约有2000年的历史。它们不仅以不同的方式,展示了"天地之中"的概念,同时体现了嵩山作为宗教中心的力量。登封历史建筑群是中国古代建筑中用于祭祀、科学、技术及教育活动的最佳典范之一。

在中国古人传统的观念中,中国位于天地的中央,而中国的中央又在中原,中原的中央则在登封,因此登封成了历代文化汇聚的中心。中国的古老宗教——儒教、道

教、佛教，都在这里留下了历史的痕迹。例如嵩阳书院，便是中国古代传授儒教理学和举办考试的地方；而嵩岳寺塔是佛塔，少林寺则是佛教僧人习武修行的地方。人们甚至把登封当成了测量天地的中心，观星台和周公测景台便是中国古代的天文台。

嵩阳书院建于北魏，在后代多次重修。今天人们看到的嵩阳书院，依然保留着清代的布局。书院内包括先圣殿、讲堂、道统祠和藏书院等25座建筑。嵩阳书院是中国最早开创的书院之一，北宋时期，政治家、史学家司马光，政治家、文学家范仲淹，理学家、教育家程颐等人，都曾在这里讲学，嵩阳书院因此名声大噪，成为宋代四大书院之一。

登封"天地之中"历史建筑群记录了中国历史、文化的变迁，也见证了中国科技的发展。这里的观星台建于元朝，至元十七年（1280），郭守敬等人通过在观星台的观测，编出《授时历》。这套历法规定365.2425日为一年，与地球绕太阳一周的周差仅仅相差26秒。

元上都遗址

■ 2012年6月，元上都遗址被列入《世界遗产名录》。

1256年，元世祖忽必烈建立开平府。1263年，开平府改称"上都"，成为元朝第一个都城和夏都。这座都城的所在地刚好处于草原游牧区域和中原农耕区域的交界处，它展现了农耕文明和草原游牧文明的融合。这种城市规划模式，在中国古代城市规划的历史进程中极为独特。

元上都遗址位于内蒙古自治区锡林郭勒盟正蓝旗草原。今天，人们在这里看不到想象中的华美宫殿，只能看见几百年前留下的遗迹。元上都遗址的南面是上都河，北面是龙岗山，遗址中的建筑类型包括城墙、城门、宫殿、寺庙、民居等。城址以宫殿为中心，由皇城、外城组成，在城墙之外，还有一条护城河的遗迹。

当时的蒙古人选择了中原文明的建筑，同时也在皇城外保留了可以搭建毡帐的空场。元上都也保留下了宗教的痕迹，如佛教寺庙大龙光华严寺、大乾元寺，喇嘛教寺庙开元寺等。

这里曾经辉煌一时，忽必烈就是在这里登基并建立了元朝。在忽必烈之后，元朝的8位皇帝也都是在元上都继位的。这里是元王朝及其文化的发祥地。意大利旅行家马可·波罗曾经到过元上都，被忽必烈居住的宫殿"竹宫"深深地震撼。这座宫殿全部是由竹子建造的，在马可·波罗眼中，这是一座神奇宏伟的东方宫殿。可惜现在的竹宫只剩下了考古学家们发现的11根基柱以及基柱周围的竹子残留物。

元朝末年，元上都在战争中被破坏，明朝初期，被彻底废弃，遗址保存至今。

大运河

■ **2014年6月，大运河被列入《世界遗产名录》。**

古老的大运河是人类历史上伟大的水利工程杰作。它用多样且复杂的结构，包括堤坝、堰、桥梁等，处理了自然环境所带来的挑战，其中的技术还涉及石块、夯土及混合材料的使用。大运河展示了中国作为农业大国，对水利工程技术的掌握，而大运河的不断发展，也见证了中国古人的智慧、勇气和决心。从历史的进程而言，大运河带动了运河沿岸城市的经济发展，甚至改变了当地居民的生活方式和文化，更成为促进古代中国经济发展和政治统一的重要因素。

大运河位于中国东部平原，它由隋唐大运河、京杭大运河及浙东大运河组成。这条人工河道从北京延至杭州，连接黄河、长江、海河、淮河和钱塘江水系，长度达1794千米。

大运河的开凿始于公元前486年，终于1293年，跨越近1800年的历史，主要经历了三大重要时期。

在春秋晚期之前，淮河和长江是两个并不相连的流域，南方的船只如果想要前往北方，只能先绕路从长江进入黄海，再从黄海到达淮河流域。当时正值各个诸侯国争霸时期，各国需要大量运送士兵和武器、军粮等物资，光靠天然河道很难运送。吴王夫差为了在争霸中取胜，决定北上攻打齐国，于是他下令修建了连接长江和淮河的邗沟。邗沟长170千米，是大运河最早的一段。

到了隋朝，几百年来南北分治的局面结束，国家再次实现统一。而江南地区大量出产粮食，对国家经济社会发展越来越重要。604年，隋炀帝杨广登基。他认识到，要想更好地统治国家，就要更好地控制江南地区。在成为皇

帝的第二年,他便决定开凿从洛阳到淮安的通济渠和从洛阳到涿郡的永济渠,将长江和黄河连在一起。整个隋朝大运河,以都城洛阳为中心,北起涿郡(今北京),南至余杭(今杭州),全长2000多千米。

其后,元朝对大运河进行了较大规模的改造。这段时期开凿的运河称为京杭大运河,京杭大运河连接了海河、黄河、淮河、长江、钱塘江,同时将骆马湖、洪泽湖、太湖、微山湖串联起来。随着京杭大运河的开通,原有的永济渠和通济渠的重要性大大降低,运河的总航程也比隋唐时减少了近700千米。

13世纪元朝定都大都(今北京)后,为了使运河不再绕道洛阳,实现南北直通,又对大运河北段进行了大规模的改造。一是重新开挖一段河道,让京都和大运河中段连接起来;二是将弯曲的河道改直,缩短了大都到江南地区的航程。这样,江南出产的物资就可以更方便地运到大都。

如今,由于公路、铁路系统连接了南北,靠大运河运送的货物渐渐减少,但大运河在中国的历史地位依然不可撼动。

丝绸之路：长安—天山廊道的路网

■ 2014年6月，中国、哈萨克斯坦、吉尔吉斯斯坦三国联合申报的"丝绸之路：长安—天山廊道的路网"被列入《世界遗产名录》。

丝绸之路：长安—天山廊道的路网主要分布在中国、哈萨克斯坦和吉尔吉斯斯坦境内，是丝绸之路的重要组成部分之一。其遗迹主要包括中心城镇遗迹、商业遗迹、交通和防御建筑遗迹、宗教遗迹等。这些遗迹反映出丝绸之路贸易为人们创造了财富，推动了沿路的基础设施建设，更促进了因贸易而孕育形成的众多民族之间的交流。

古代中国盛产丝绸，人们很早就会养蚕、缫丝、织绸。春秋战国时期，一些游牧民族得到的中原王朝的封赐中，就有大量的丝绸。他们十分喜欢这种颜色亮丽、摸起来十分光滑的布匹，但却缺乏制造的技术。于是，他们拿出自己心爱的马匹和中原人交换。当时这种贸易方式非常普遍，从今天的中国北方一直到欧亚大陆的草原地区，都

采用这种贸易方式。早期的丝绸，就是通过这种方式流传到西方去的。公元前2世纪，张骞出使西域开辟丝绸之路后，丝绸开始大批量地运送到西方。

　　有了丝绸之路作纽带，中国这个古老的东方国度和西方国家间的贸易和交流变得非常方便。丝绸之路全长7000多千米，商人、僧人、使者们大多从长安（今西安）出发，沿着河西走廊一路向西，经过敦煌、玉门关，再继续前往中亚，最终抵达欧洲。直到15世纪，人类进入大航海时代之后，丝绸之路才逐渐废弃。1877年，德国地理学家李希霍芬在《中国——亲身旅行和研究成果》中首次将这条东西方之间的大通道命名为"丝绸之路"。

　　丝绸之路：长安—天山廊道的路网横跨在中国和中亚之间，一路跨越山川湖泊、沙漠戈壁、草原山谷。遗产地包括33处丝绸之路遗迹，其中考古遗址25处、古建筑3处、古墓葬1处、石窟4处。在中国境内的遗迹共有22处，包括高昌故城、交河故城、北庭故城、克孜尔尕哈烽燧、克孜尔石窟、苏巴什佛寺遗址等。

　　丝绸之路：长安—天山廊道的路网见证了在漫长的历史岁月中，各种商品特别是丝绸的远距离贸易，以及东西方的宗教、文化、科技交流，甚至可以说是见证了亚欧大陆于公元前2世纪至16世纪期间文明的发展。

土司遗址

■ 2015年7月，土司遗址被列入《世界遗产名录》。

土司遗址位于中国南方山区。13—20世纪，南方地区一些部落领地的首领被中央政府任命为土司，成为当地世袭的统治者。土司制度的目的是既保证国家统一的集权管理，又保留少数民族的生活和风俗习惯。列入《世界遗产名录》的土司遗址包括湖南永顺老司城、湖北唐崖土司城和贵州海龙屯，它们是中华文明在元、明、清三代发展出的独特统治制度的见证。

在中国，土司制度的存在有近千年的历史。元、明、清三代的中央王朝采用"以蛮治蛮"的方式，管理南方山地多民族聚居地区。中央政府会任命当地的首领、酋长为土司，并赋予他们管辖所在区域的权力，而土司这一职位可以代代相传。

永顺老司城遗址位于湖南省湘西土家族苗族自治州永顺县，这里是古代湘西的政治、经济、文化中心。自五代时期开始，这里便由彭氏土司政权世袭统治，一直到清代改土归流，才结束了长达800多年的土司治理历史。

唐崖土司城遗址位于湖北省恩施土家族苗族自治州咸丰县。这座土司城建于元代初期，距今已有760多年。1735年，清政府决定取消土司制度，改派政府官员治理，随着这一制度改变，统治当地超过470年的覃氏土司政权走向了终点，唐崖土司城也渐渐变得没落。今天我们可以在这里看见遗留的集市、寺庙、学堂等遗迹。

位于贵州省遵义市的海龙屯则建于唐朝末年，当时的土司杨氏在这里建立土城、月城，还建设了楼房、仓库等。1600年，一场战争结束了杨氏土司在此地长达725年的世袭统治，而海龙屯也随之湮没在历史的硝烟中。

鼓浪屿：历史国际社区

■ 2017年7月，鼓浪屿：历史国际社区被列入《世界遗产名录》。

鼓浪屿是一座面积约1.9平方千米的小岛，位于九龙江入海口，与厦门岛隔海相望。被列为世界遗产的区域包括鼓浪屿全岛陆地、岛屿周边礁石所界定的海域范围。鼓浪屿见证了西方文化和当地传统文化的融合，真实反映了不同国家的文化如何在一个社区内传播和融合发展。

鼓浪屿原名"圆沙洲"，在明朝时改称"鼓浪屿"。岛屿面积不大，还不到2平方千米，与厦门市区相隔不到1千米。鼓浪屿最高的地方是日光岩，海拔93米。

早在宋代，就有人在鼓浪屿居住。明末清初，明朝将领郑成功曾经以鼓浪屿为据点，率兵对抗清朝官兵。现在日光岩上还有郑成功当年修建的水操台、石寨门等建筑的遗址。

1840年鸦片战争后，厦门被迫开放为通商口岸，西方列强占据了鼓浪屿作为居留地，英、美、法、德、日等十几个国家先后在岛上设立了领事馆。西方人在这里建造各式各样的西式建筑，并在这里开展宗教、教育、医疗等活动。

1903年，鼓浪屿成为公共租界。由于国际化的社会环境，这里成为当时闽南地区较为安全的区域，因此闽台富商和华侨们纷纷选择到此居住。自从管理岛上行政事务的工部局成立，华人也开始渐渐地参与鼓浪屿的管理。在中西方人士的合作下，岛上的教育、医疗、通信、金融、邮政等设施得到了较快的发展。

今天，鼓浪屿有931处具有历史意义的建筑、园林、

道路遗址，包括美国领事馆旧址、日本领事馆旧址、工部局遗址、丹麦大北电报公司旧址、英国领事公馆旧址、汇丰银行公馆旧址等。

良渚古城遗址

■ 2019年7月，良渚古城遗址被列入《世界遗产名录》。

良渚古城遗址作为良渚文化的权力与信仰中心，以规模宏大的城址、功能复杂的外围水利系统、分等级墓地（含祭坛）等一系列相关遗址，以及具有信仰与制度象征的系列玉器为主的出土文物，揭示了中国新石器时代晚期环太湖流域曾经存在过一个以稻作农业为经济支撑、出现明显社会分化、具有统一信仰的区域性早期国家，为中华五千多年文明史提供了独特的见证。

良渚古城遗址处于浙江大雄山、打遮山之间的河网平原地带，由瑶山遗址区、谷口高坝区、平原低坝区和城址区共4个部分组成。这片遗址是在1936年被发现的，遗址中陆续出土了犁、斧、凿、镰、矛等石器，带有竹节纹、彩绘图案等的陶器，以及各类玉器。而和良渚遗址同类型的遗址，还分布在长江下游的苏南直到钱塘江北面的平原，考古学家把这一片类似的遗址所代表的文明统称为"良渚文化"，其年代为距今约5300年至4300年。

整个良渚古城呈长方形，占地大约290公顷。考古学家已在此发现多座城门和城墙，部分城墙残留4米多高。古城内外均有河网水系，把古城内外的水系连通在一起。除了护城河以外，古城内还有50多条古河道，这些古河道的宽度达到10—50米，形成了古城内的水路系统。考古学家还在这里发现了独木舟、竹筏、木桨等遗存。

良渚古城的城内有宫殿区、王陵区、墓地、祭坛、居住区等。当时，普通的居民住在城市的外围，而贵族则住在城市的中央。古城的内外，都出土了大量生活、军事、礼仪用品。

泉州：宋元中国的世界海洋商贸中心

■ 2021年7月，"泉州：宋元中国的世界海洋商贸中心"被列入《世界遗产名录》。

"泉州：宋元中国的世界海洋商贸中心"反映了特定历史时期独特而杰出的港口城市空间结构，其所包含的22个遗产点涵盖了社会结构、行政制度，以及交通、生产和商贸诸多重要文化元素，这些元素共同促成泉州在10—14世纪逐渐崛起并蓬勃发展，成为东亚和东南亚贸易网络的海上枢纽，对东亚和东南亚经济文化发展作出了重要贡献。

海上丝绸之路形成于秦汉，繁荣于唐宋。商人们把产自中国的精美的陶瓷、华丽的丝绸、实用的铜铁制品等，通过海运发往东南亚、非洲直至欧洲罗马等地；同时将毛织品、玻璃器皿等异域物品运入中国。

沿海而建的泉州是历史上名闻世界的海港城市，也是海上丝绸之路的重要起点。

泉州港古称刺桐，至今已有1300多年历史。从唐朝开始，泉州港便是中国四大港口之一。北宋时期，泉州港的对外贸易已相当可观，"有蕃舶之饶，杂货山积"。大量中国商品从内陆运来后在这里装上海船，无数海船从这里起航，它们漂洋过海，把一船船中国商品运往世界各地，同时也把中华文化传播到世界各地。

到了元朝，泉州港更加繁荣。彼时，来自世界各地的商人、使臣、传教士聚集在泉州，各国文化并存使泉州变成一个开放包容的国际性大城市。中世纪著名的旅行家马可·波罗在其游记中盛赞："刺桐港是世界最大的港口，胡椒出口量乃百倍于亚历山大港。"摩洛哥旅行家伊本·白图泰也认为，"刺桐港为世界第一大港"。进入鼎盛时期的泉

州港，与世界近百个国家和地区保持着密切的商贸、文化交往。在非洲、欧洲的很多地方，至今还保存着当年从泉州港运出去的中国商品，它们已经变成中外交流史上的重要文物。

那段多元、开放、包容的历史，给泉州留下了琳琅满目的古迹，也塑造了泉州的城市品格。人们常说"地下文物看西安，地上文物看泉州"，泉州的古迹遗址包括寺庙、石塔、石桥、墓葬、民居、园林、石刻等。它们具有鲜明的东西方文明交融的特征，生动地记录着泉州辉煌的过往。

02

文化景观遗产

庐山国家公园

■ 1996年12月,庐山国家公园被列入《世界遗产名录》。

庐山位于江西省九江市。这里的佛教和道教庙观,以及儒学的里程碑建筑,完全融汇在美不胜收的自然景观之中,赋予无数艺术家以灵感,启发他们丰富发展了中国文化中对于自然的审美方式。

宋代大文学家苏轼在《题西林壁》中这样描写庐山:"横看成岭侧成峰,远近高低各不同。不识庐山真面目,只缘身在此山中。"在古文中,"庐"一般指居住的地方。相传春秋战国时期,有人在此山结庐修炼,得道成仙,留下一座空空草庐,人们便称此山为"庐山"。至今,庐山还有个仙人洞,传说"八仙"之一的吕洞宾就曾在仙人洞里面修行。

庐山拥有五老峰、三叠泉、芦林湖、仙人洞等独特风景，还有东林寺、白鹿洞学院等200多处历史文化建筑。

白鹿洞书院是中国古代四大书院之一，宋代时，大儒朱熹在白鹿洞书院授课，弘扬理学，让儒学在宋明时代再造辉煌。如今，我们仍能在白鹿洞书院看到刻有《朱子白鹿洞教条》的石碑。

除了受到文人墨客的喜爱，庐山还是佛教、道教的圣地。早在三国时期，佛教便已传入庐山。东晋时期，僧人慧永、慧远、达摩多罗等人在庐山开创寺庙、宣扬佛法，学佛者云集于此。隋唐时期，佛教在庐山的发展达到顶峰。

在庐山众多佛教建筑中，东林寺是最具代表性的建筑之一。东林寺始建于386年，由当时的江州刺史资助，僧人慧远负责兴建。在之后的日子里，东林寺经过多次扩建，在唐代时，曾有300多间殿厢塔室，常住在此的僧人多达数百人。今天的东林寺是全国重点寺院，依旧雄伟壮丽。

五台山

■ 2009年6月,五台山被列入《世界遗产名录》。

五台山由五座峰顶平坦宽阔的大山组成,位于山西省忻州市五台县,是中国四大佛教名山之一。五台山上的文化景观,由53处寺庙和佛光寺东大殿组成。整体而言,五台山上的建筑群体现了佛教建筑的发展历程,展现了1000多年来佛教建筑对中国建筑的多方面影响。

耸立于黄土高原的五台山,东面与太行山紧紧相依。规模宏大的寺庙建筑群就藏在这座山中,金阁寺、菩萨顶、显通寺、佛光寺,等等。这些寺庙最早的建于东汉,其后历代均有修建。数千年来,五台山不仅迎来了无数信众,还有不少皇帝曾经在五台山留下足迹。

五台山是中国佛教发展的见证,山中的佛教建筑、雕像、绘画、碑石,和自然美景融合在一起,堪称"中国佛教艺术的宝库"。

显通寺是五台山中的一座寺庙,坐落在灵鹫峰山脚,兴建于东汉永平年间,现在有1900多年历史了。显通寺里有一座金光闪闪的大殿,殿宇外貌呈金色,一共有两层。在它金色的外墙上,描绘着各种花草和动物图案。和一般的建筑不同,它的建筑材料并非木头或砖头,而是铜,它也因此得名"铜殿"。铜殿建于明代万历年间,整整用了10万斤的铜。这些铜是皇帝命人从全国13个省约万户人家中募集而来的。

值得一提的是,由于五台山有完整、丰富的地层,奇特的冰川地貌、高山草甸景观,是研究地球早期演化的典型例证。因此,五台山又被誉为"中国地质博物馆"。

杭州西湖文化景观

■ 2011年6月,杭州西湖文化景观被列入《世界遗产名录》。

杭州西湖文化景观包括西湖本身以及环绕其三边的丘陵。自9世纪以来,西湖的湖光山色吸引了无数文人骚客、艺术大师吟咏兴叹、挥毫泼墨。景区内遍布庙宇、亭台、宝塔、园林,其间点缀着奇花异木、岸堤岛屿,为江南的杭州城增添了无限美景。

西湖位于浙江杭州西部,除了自然风光,景区内还有寺庙、宝塔、人工堤道、桥梁、花园等不同类型的景观。

今日的西湖闻名遐迩,但在几千年之前,西湖只是一个和钱塘江连接的海湾。耸立在西湖南北的吴山和宝石山,都是环抱着这个海湾的岬角。后来,由于潮汐冲击所带来的泥沙堆积,海湾才变成了内湖。而西湖这个名字,则始于唐朝。在唐朝以前,它曾经有武林水、明圣湖、金牛湖等很多名字。北宋著名文学家苏东坡来到杭州做官时,吟诗道:"水光潋滟晴方好,山色空蒙雨亦奇。欲把西湖比西子,淡妆浓抹总相宜。"他把西湖比作古代传说中的美人西施,从此,西湖便多了个"西子湖"的雅称。

隋唐时期,大运河的开凿令南北水系和西湖相连接,这让西湖地区的经济有了很大的发展,湖边商铺林立,人们也开始居住在西湖边上。到了南宋,杭州被定为都城,让西湖地区的经济有了更进一步的发展。

千百年来,西湖始终是人们钟爱的旅游景点,文人雅客总喜欢在西湖泛舟赏月,再赋诗一首。

西湖的美景还蕴藏着许多动人的故事。比如西湖中的断桥,便被写成了《白蛇传》中白素贞和许仙相遇的地方。民间传说《梁山伯和祝英台》中梁祝的爱情悲剧被传

唱至今，而当年两人分手的地方就是西湖的长桥。又如苏小小墓，相传南齐歌妓苏小小和才华横溢的穷书生阮郁在西湖西泠桥一见钟情、互许终身。然而，穷书生在苏小小资助下考取功名后，却抛弃了她。年轻的苏小小在寂寞中去世，葬于西泠桥畔，墓亭就叫"慕才亭"。

数百年来，西湖对中国其他地区乃至日本、韩国的园林设计皆产生了影响。在景观营造的文化传统中，西湖可谓是对"天人合一"这一理想境界的最佳阐释之一。

红河哈尼梯田文化景观

■ 2013年6月,红河哈尼梯田文化景观被列入《世界遗产名录》。

红河哈尼梯田迄今已有1300多年的开垦和耕作历史,是一直延续使用和发展的梯田,级数最多达3700多级,规模宏大,气势磅礴,是人与自然和谐共生的杰作。

红河哈尼梯田文化景观位于云南省红河哈尼族彝族自治州元阳县,申报的遗产区面积为16603公顷,包括了最具代表性的集中连片分布的水稻梯田及其所依存的水源林、灌溉系统、民族村寨。

云南哀牢山高大磅礴,河流众多,气候炎热又潮湿。早在1000多年前的隋唐时期,哈尼族人便开始在这里生活,靠着开垦梯田为生。哈尼族人选择在半山腰、面向阳光、冬暖夏凉的地方居住,而在较低海拔的地区开垦梯田。

当梯田开垦好之后,他们会在梯田里先种3年其他的植物,随着植物的生长,梯田土壤里的养分也渐渐变得充

足。这时候，哈尼族人才在梯田里种上水稻。为获取水源，哈尼族人在山上挖了成百上千条的水沟干渠，这些沟渠就像一条条滑梯一样，水流沿着沟渠便流到了梯田里，灌溉水稻。

元阳县的梯田是哈尼梯田中最壮观的部分。这里有着约17万亩的梯田。从高空望下去，梯田就像大自然在大地画下了一条条清晰的线条。而在冬季，梯田里没有了稻谷，蓄满了水，就像一块块明镜。

在梯田里种植水稻，水是十分重要的资源。来自山顶的水流顺着引水的管道，先流入村寨，满足村民们的日常生活需要，再向下流入梯田进行灌溉，最后汇入山底的河流中。而河流中的水又会蒸发，最终形成降水再次回到山顶。以此往复，红河哈尼梯田形成了"水系—森林—村寨—梯田"四素同构循环系统，也有人形象地将其描述为"山有多高，水有多高"。

左江花山岩画文化景观

■ 2016年7月,左江花山岩画文化景观被列入《世界遗产名录》。

左江花山岩画分布在广西左江和明江沿岸,绵延200多千米,其中有38处反映壮族先民骆越人的生活形态和仪式场景的岩画入选世界遗产。这些岩画的历史可追溯到公元前5世纪至2世纪。在周围的岩溶、河流和高原景观当中,它们描绘和诠释了曾盛行于中国南方的铜鼓文化的仪式,是该类文化现今硕果仅存的遗迹。

位于广西左江和明江流域沿岸的花山,是一座高低起伏的断岩山。花山面向江边的一面,是凹凸不平、向江边倾斜的壁面。在离江水10米至120米高的悬崖峭壁上,有一大片岩画。考古学家们推断,这是生活在公元前5世纪

至 2 世纪的骆越人画的。

花山壁画中有很多赭红色小人图案,他们有的侧坐着,手里拿着带有手柄的摇铃和号角形状的东西;有的聚集在一起,环绕着一个圆圈图案,身旁还有一个翘着长尾巴、有着四条腿的动物;有的人腹部圆鼓鼓的,像是怀有身孕的妇女。在这些画中,还有大量"蹲式人形",他们双腿下蹲,双臂向上举起。

考古学家们研究发现,壁画上的人像和骆越青铜器纹饰十分相似,连画里的发簪、羽毛装饰、长剑等,都被证明是骆越人使用过的,所以画里的小人,很可能就是骆越人。而"蹲式人形"图案,则可能表达了骆越人的图腾崇拜——青蛙崇拜。骆越人部落以种植业为生,当时他们认为青蛙能掌握气候变化,甚至能指导人们播种、农耕,因此崇拜青蛙。

除了人物,左江花山岩画中还有 300 多个圆形图像,专家们认为它们是铜鼓图像。这些铜鼓图像展现了骆越人崇拜铜鼓的习俗。

至于当时的人们是如何爬到岩壁上作画的,专家们则有不同的看法。有的认为绘画者是利用藤条等工具,从上面把自己悬吊下来作画的;有的则认为绘画者是将木桩插入岩壁,形成一个临时的"脚手架",然后再站上去作画的。

在 2000 多年前生产力水平不发达的情况下,古人是如何将这些图像画在高耸陡峭的岩壁上的?花山岩画所传达的内容是什么?为何岩画色彩历经 2000 多年仍旧如此鲜艳?花山岩画就像一本还没有被破译的天书,有许多尚未解开的谜团。

03

自然遗产

黄龙风景名胜区

■ 1992年12月，黄龙风景名胜区被列入《世界遗产名录》。

黄龙位于四川西北部，距离另一处世界遗产九寨沟仅有100多千米。这里有白雪皑皑的山峰和冰河，还有石灰岩、瀑布、温泉及多元化的森林生态系统，是熊猫、川金丝猴等珍稀动物的栖息地。

黄龙风景名胜区地处四川省阿坝州松潘县境内，是中国唯一保护完好的高原湿地。景区主体黄龙沟位于岷山山脉南段，形状如同卧于岷山最高峰雪宝顶之下的一条巨龙。

黄龙有着不被外界干扰的多样化生态系统，包含了湖泊、钙化池、瀑布、森林、雪峰、温泉等多种景观。这里拥有数座海拔5000米以上的雪峰，雪峰之中还藏着许多冰川。

黄龙有大大小小约3000个彩色池子。它们形状各异，

有的呈圆形，有的呈葫芦形，有的呈马蹄形。而这些池子里的水，有的是鹅黄色的，有的是蓝色的，还有的是如同翡翠一样的绿色。这些五彩缤纷的钙化池，在亚洲地区内几乎是独一无二的。

钙化池的形成需要经历漫长的历史演变过程。许多年前，这里的冰川融化后，与地表水一同渗入岩层，在不断的水循环过程中，这些水融入了大量来自石灰岩底部的碳酸钙。后来，由于地壳运动和地表流水的侵蚀作用，这些含有大量碳酸钙的泉水不断涌出，同时泉水中的二氧化碳被大量释放，导致碳酸氢钙过度饱和，从而产生大量的钙华沉积物。这些沉积物逐渐堆积成一定的厚度，并在地质变化和水流侵蚀的作用下，顺应地势的变化，最终形成不同形状的钙化池。而这些钙化池或蓝或绿或黄的斑斓色彩，则是因为池水中含有丰富的藻类，以及特殊的微生物结构，再加上太阳光的反射作用，便呈现出如梦如幻的色彩效果。

九寨沟风景名胜区

■ 1992年12月,九寨沟风景名胜区被列入《世界遗产名录》。

九寨沟位于四川北部,面积达720平方千米,包含了一连串不同的森林生态系统。这里还有许多喀斯特地形景观,以及奇特的瀑布景观。多达140多种鸟类和许多濒临灭绝的动植物生活在这片"童话世界"。

传说古时有一个山神，名字叫"比央朵明热巴"。他有9个厉害的女儿，这9个女儿合力打死了妖魔"蛇魔扎"。后来她们嫁给了9个藏族青年，分住在9个寨子。这9个寨子所在的地方，就是九寨沟。

九寨沟位于四川省阿坝州九寨沟县漳扎镇，这里有荷叶寨、黑角寨、树正寨等9个藏族村寨。从空中俯瞰，整个九寨沟的形状是一个大大的"丫"字。

九寨沟地处青藏高原向四川盆地过渡地带。这里地貌丰富多样，有湖泊、溪流、瀑群、彩林和雪峰。整个九寨沟主沟长30千米，地势南高北低，高差很悬殊，南边海拔高达4500米，沟口则只有2000米。

有种说法叫"黄山归来不看岳，九寨归来不看水"，由此就可以想见九寨沟的水有多美了。在九寨沟内，有高山湖泊108个，它们小则半亩，大则千亩。而湖泊之间，又有瀑布连接，如同串起来的翡翠珍珠。这些湖泊终年明丽见底，蓝天、白云、远山、近树倒映湖中。因为湖旁树林颜色随季节而变化，湖水又呈现出四季各异的奇幻色彩。

当地人把湖泊称为"海子"。长海是九寨沟最大的海子，面积约200万平方米。放眼望去，墨蓝色的湖面水平如镜，加上周围的瀑布、树林以及两侧和南缘的雪峰，形成一道壮观的风景。

九寨沟内森林覆盖率超过80%，有很多珍稀植物，如冬虫夏草、雪莲、川贝母、天麻，还有漂亮的四川红杉、星叶草、三尖杉等。由于海拔高差很大，不同海拔生长着不同的植物，从而形成九寨沟的一大奇景。九寨沟也是大熊猫的栖息地，这里还有许多珍稀动物与它们相伴，如金丝猴、豹、白唇鹿、扭角羚、猕猴、小熊猫，等等。

武陵源风景名胜区

■ 1992年12月,武陵源风景名胜区被列入《世界遗产名录》。

武陵源风景名胜区位于湖南西北部,总面积397平方千米,以"奇峰三千,秀水八百"而闻名。景区内的山林造型之巧、意境之美,堪称大自然的"大手笔"。这里气候温和,雨量丰富,森林发育茂盛,为物种繁衍提供了良好环境,成为众多孑遗植物和珍稀动物集中分布地。

武陵源风景名胜区由天子山、索溪峪、杨家界、张家界组成。景区内拥有3000多座又尖又细的砂岩柱和砂岩峰,在这些峰林之间,分布着峡谷、溪流、水潭、瀑布、沟壑等独特的自然景观。这里还有40多个喀斯特溶洞,包括黄龙洞、观音洞、金鸡洞、骆驼洞等,以及2座巨大的

天然石桥。在溶洞内，又有地下暗河、石钟乳等喀斯特地貌景观。

从气候上看，这里没有寒冷的冬天，也没有炎热的夏天，很适合动植物生活。景区内有多种珍贵的动植物，如生长在海拔800—1500米的山巅、能驱赶蚊虫的神仙草，长着四肢、似鱼非鱼的娃娃鱼，被人们称为"四不像"的苏门羚等。

景区里最独特的风景，便是砂岩峰林地貌，其中以张家界最为典型。张家界的山脉与别处不同，它不是连绵不断的大山，而是一座座独立的山峰。许多山峰像一根根顶天立地的巨大石柱，汇聚起来形成了一个庞大的石柱林。这些石柱的形成，要从距今3.8亿年前说起。当时还是一片汪洋大海的张家界地区经过复杂的造山运动，地壳抬升，形成了错落有致的山脉。由于这些山脉是由砂质石英岩和碳岩构成，经过风雨长久的剥蚀，一些松散、薄弱的岩石经不住重力而崩塌，尤其是石灰岩受到雨水侵蚀更易脱落，逐渐便形成了现在人们看到的嶙峋有致、千姿百态的峰林景观。

这些山峰还有很强的蓄水功能。由于它们大多是由通透性好的砂质石英岩构成，每逢张家界被云海覆盖或是下雨时，便能吸收大量水分。当水分源源不断地渗透到山峰底部时，山峰便像一个天然的蓄水库。因此，张家界的山峰上长满了郁郁葱葱的植被。在众多植物中，武陵松分布最广、数量最多、形态最奇，素有"武陵源里三千峰，峰有十万八千松"之誉。

云南三江并流保护区

■ 2003年7月,云南三江并流保护区被列入《世界遗产名录》。

三江并流国家公园位于云南西北部山脉地区,面积达170万公顷,包含八处地理集群保护地。三条发源于青藏高原的大江——金沙江、澜沧江和怒江在这一区域内由北至南,穿越3000米深的陡峭峡谷和海拔6000米的高山,并行奔流数百千米而不相交。这里是中国乃至全世界生物多样性最丰富的地区之一。

金沙江、澜沧江和怒江这三条发源于青藏高原的大江,在云南境内自北向南并行奔流,自由穿越在担当力卡山、高黎贡山、怒山和云岭等大山之间。有趣的是,这三条大江就像三条不相交的平行线,离得再近也不交汇,形成了罕见的三江并流奇特景观。

澜沧江与金沙江最短的直线距离是66千米，而澜沧江与怒江的最短直线距离不到19千米。三江并流的原因还要从4000万年以前说起，当时印度板块与欧亚板块发生了大碰撞，由此引发横断山脉的急剧挤压、隆升和切割，形成了大山与大江交替分布的局面。三条大江受到山势的阻隔，就这样平行地自北向南流动，流域狭长，水流湍急。

三江并流区域的气候十分独特，包括了南亚热带、北亚热带、中亚热地、温带、暖湿带、寒带等多种气候环境。这里不但几乎包含了整个滇西北的美景，还是反映地球演化主要阶段的杰出代表，有丰富多样的地质遗迹、地貌景观和地质现象，如同一个蕴藏丰富地质地貌的天然大博物馆。例如，在保护区的森林里，就分布着完整的丹霞地貌。同时，三江并流保护区还是中国甚至是世界上生物多样性最丰富的地方之一。这里生活着许多珍稀动物，如黑颈鹤、滇金丝猴、羚羊等，还有大量珍稀植物，如桫椤、红豆杉、龙胆、杜鹃、秃杉等。

四川大熊猫栖息地

■ 2006年7月，四川大熊猫栖息地被列入《世界遗产名录》。

四川大熊猫栖息地面积92.45万平方千米，包括邛崃山和夹金山的7个自然保护区和9个景区，是全球最大、最完整的大熊猫栖息地，生活着目前全世界30%以上的野生大熊猫，同时也是最重要的圈养大熊猫繁殖地。栖息地为第三纪原始热带森林遗迹，除了大熊猫，这里也是小熊猫、雪豹、云豹等珍稀动物的栖息地，还是世界上除热带雨林以外植物种类最丰富的地区之一，生长着属于1000多个属种的5000—6000种植物。

熊猫是中国的"国宝"。目前为止，最早的始熊猫化石是在地质年代800万年前中新世晚期的中国云南地区发现的。而"吃素"的大熊猫出现在两三百万年前。距今几十万年前是大熊猫的极盛时期，其栖息地曾覆盖中国东部和南部的大部分地区。在后来的地质和气候变化中，同时

期的动物大多最终灭绝了,只有大熊猫存留下来,它们的主要栖息地缩小到了四川、陕西和甘肃的山区。

在明代的《蜀中广记》中,大熊猫被称为"食铁兽",原因是它喜欢啃食铁器。经测试,大熊猫的犬齿咬合力排在食肉目动物的第五名,仅次于北极熊、老虎、棕熊和狮子。当然,现在的大熊猫主要食用竹子,尤爱吃竹笋,偶尔才吃一点肉食。我们平常看到的圈养大熊猫,都比较温顺,很少主动攻击其他动物。

四川大熊猫栖息地所在的地区是大渡河和岷江之间的狭长山地。这里属于横断山系,山区的高峰常年积雪,而在山峰之下,则是一大片天然森林,是动物们的理想家园。大熊猫栖息地内还生活着金丝猴、云豹、珙桐、银杏等珍稀动植物,具有很高的生物多样性。这里还是中国鸟类的保护地和基础种子采集地,保存了许多史料和标本,对研究动植物的生活环境和习性很有帮助。

中国南方喀斯特

■ 2007年6月,中国南方喀斯特被列入《世界遗产名录》。

中国南方喀斯特是世界上最壮观的湿热带—亚热带喀斯特景观之一,分布在贵州、广西、云南、重庆等省份,占地面积共计17.6万公顷。它包含了最重要的岩溶地貌类型,有塔状岩溶、尖顶岩溶和锥形岩溶,以及其他壮丽的景观,如天然桥梁、峡谷和大型洞穴系统。云南石林被公认为是世界上该类喀斯特的最好参照。贵州荔波的锥状和塔状喀斯特也被认为是世界上同类喀斯特的参照地,形成了独特而美丽的景观。重庆武隆喀斯特因其巨大的落水洞和天然桥梁而闻名。

"喀斯特地貌"一词源于19世纪末,当时有一位叫司威治的南斯拉夫学者发现了一个叫"喀斯特"的高原,高原随处可见石沟、石芽、竖井、落水洞、干谷、洼地和峰林。司威治觉得无法用已知的地貌类型来描述在这里见到的奇异景色,最后他便用这些地貌所在地的名字对其进行命名,"喀斯特地貌"的名称就这样诞生了。

喀斯特地貌是具有溶蚀力的水对可溶性岩石溶蚀形成的地表和地下形态,又称岩溶地貌。石灰岩的主要成分是碳酸钙,在有水和二氧化碳时,它会发生化学反应并生成可溶于水的碳酸氢钙,这就为形成喀斯特地貌创造了条件。

中国南方的喀斯特景观,是世界上湿热带—亚热带最壮观的喀斯特景观之一。它包含了许多重要的喀斯特地貌类型,如塔状的岩溶、尖顶的岩溶、锥形的岩溶等。这片独特的喀斯特地貌,不但为人们呈现了奇特的地理景观,还为地理学家提供了极具研究价值的自然地貌样本。

以云南石林为例,它所处的云贵高原地理环境中分布

着大量的石灰岩，加上湿润的气候和丰沛的降雨，容易形成喀斯特地貌。云贵高原也是中国喀斯特地貌最多的地区。云南石林有大石林和小石林，还有暗河、溶洞、石芽、钟乳、溶蚀湖、天生桥、断崖瀑布、锥状山峰等。

位于武隆山脉的天坑群也属于喀斯特地貌，这群天坑中，有的面积达到4万余平方米。而广西地区的喀斯特地貌又是另一番景象。例如在广西大化县七百弄分布着一大片又尖又高的石峰，在这片486平方千米的区域里，一共分布着9000多座800米以上的石峰。

三清山国家公园

■ 2008年7月,三清山国家公园被列入《世界遗产名录》。

三清山国家公园位于江西东北部,面积达到229.5平方千米。这里是独特的花岗岩聚集地,有峰峦、峰墙、峰丛、石林、峰柱和造型石景等9种花岗岩造型类型。它们和周边的植被、变化的气候相结合,如同仙境。这些栩栩如生的花岗岩,被地质学家称为"西太平洋边缘最美丽的花岗岩"。

从距今14亿年前的远古时代开始,三清山所处的区域先后经历了3次从陆地到海洋的沉浮、转换,经过数亿年地壳运动、海水入侵、岩浆侵蚀、风力剥蚀的打磨,再加上数千万年的重力崩塌和球状风化,形成了很多形状奇异的石头:有一块高7米、宽4米的巨石,好像一只手捧宝物的猴王独坐山顶,人们就把它叫作"猴王观宝";有两块巨石相互依偎,一块像狐狸,一块像公鸡,就叫"狐狸啃

鸡"……这样的象形石，在三清山有数百处。

三清山也是研究东亚和北美的古地质、古地理、古生物演化的"天然实验室"。科学家们对三清山的植物区系进行分析发现，三清山的鹅掌楸和北美的鹅掌楸形成对应关系，三清山的华东黄杉和北美的花旗杉也形成对应关系。专家们因此推断，东亚大陆与北美大陆曾经是连接在一起的。

除了以众多形状奇特的"怪石"闻名，三清山还和道教有极大的渊源。早在1600年前的东晋时期，这里就开始兴建道观。唐朝时期，道教被奉为国教，道士们在大江南北传道，三清山上的香火也越来越兴旺。今天，我们在三清山仍能看到数百座按"八卦"布局分布的古建筑，还有一座东晋时道士炼丹用的古井，三清山因此被誉为"中国古代道教建筑的露天博物馆"。

中国丹霞

■ 2010年7月,中国丹霞被列入《世界遗产名录》。

中国丹霞是中国境内由陆相红色砂砾岩在内生力量(包括隆起)和外来力量(包括风化和侵蚀)共同作用下形成的各种地貌景观的总称。这一遗产包括中国西南部的6个丹霞地貌景区。它们的共同特点是壮观的红色悬崖以及一系列侵蚀地貌,包括雄伟的天然岩柱、岩塔、沟壑、峡谷和瀑布等。这些景区里跌宕起伏的地貌,对保护包括约400种稀有或受威胁物种在内的亚热带常绿阔叶林生态系统起到了重要作用。

1927年11月,地质学家冯景兰在广东曲江、仁化、始兴、南雄一带调查地质。在这次中国南方山地考察中,冯景兰发现了一种密集分布的红色崖壁,这些崖壁融合了红色、黄色、白色、蓝绿色等多种颜色,不同的色调顺着丘

陵起伏，让丘陵呈现出七彩斑斓的颜色。因为之前从未有过类似地貌类型的地质记录，冯景兰就取仁化丹霞山中的"丹霞"二字，将其命名为"丹霞层"。

后来，这种铁钙质混合胶结不匀的红色砂砾岩，在风化、重力崩塌、侵蚀、溶蚀等综合作用下形成的城堡状、宝塔状、针状、柱状、棒状、方山状和峰林状地形，被命名为"丹霞地貌"。目前，在中国一共发现了约1000处丹霞地貌。

中国丹霞的遗产地包括福建泰宁、湖南崀山、广东丹霞山、江西龙虎山、浙江江郎山和贵州赤水。

位于贵州遵义的赤水丹霞面积达1200多平方千米，是全国面积最大、发育最壮丽的丹霞地貌，被称为"中国丹霞之冠"。赤水丹霞融合了瀑布、湿地、森林等多种自然景观，从远处看去，红色的丹霞地貌上垂下雪白的瀑布，周围被原始森林环抱，犹如红宝石镶嵌在绿洲之中。

澄江化石遗址

■ 2012年7月,澄江化石遗址被列入《世界遗产名录》。

澄江化石遗址位于云南的山地丘陵地带,面积达到512公顷。澄江生物化石群是保存完整的寒武纪早期古生物化石群,至少涵盖了16个门类200多个物种的化石。澄江化石遗址展示了距今5.18亿年前早寒武纪时期地球上生命的独特记录,为研究地球早期生命起源、演化提供了珍贵证据。

1984年6月,中国科学院南京古生物研究所的研究人员侯先光在云南澄江考察期间,发现了一块形状奇特的化石,他判断这是一块无脊椎动物化石。兴奋的侯先光继续考察,发现了纳罗虫、腮虾虫、尖峰虫、水母、蠕虫等多种古生物化石。澄江生物群就这样被发现了。

科学家们陆续在澄江生物群里发现了海绵类、开腔骨类、腔肠类、栉水母类、叶足类、纤毛环虫类、节肢类等多个动物门类。这些动物大小不一,有的只有几毫米,有的却有几十毫米;形状各异,如身体由内外细胞组成、固定在水底生活的多孔动物,呈圆筒形、身体分节、嘴巴长在前端的动吻动物,还有的像帽子、像海虾、像花朵等。

这些古老生物的出现证明,在寒武纪生物大爆发时,地球的海洋中便已经生活着形态各异的动物,而这些动物都还处于原始的阶段,在后来的演化中,各个不同类群才演化为一个固定模式。澄江生物群是人们窥探古老海洋生态的一扇窗口。通过对这些化石进行研究,人们能了解到寒武纪生物大爆发时,地球上有哪些生物,它们的生活方式又是怎么样的。

新疆天山

■ 2013年6月,新疆天山被列入《世界遗产名录》。

新疆天山有包括雪山、冰川和河谷在内的一系列风景美丽的地域。葱郁的山区和广袤的中亚沙漠、干旱的南坡和多湿的北坡之间形成鲜明的对比,具有强烈的视觉冲击力。这里也是中亚山地众多珍稀濒危物种、特有物种的最重要栖息地,典型的山地垂直自然带谱、南北坡景观差异和生物多样性,体现了帕米尔—天山山地生态系统的演进过程。

天山全长2500千米,是亚洲最大的山脉,而在中国境内的新疆天山,全长1760千米,占天山山脉总长的70%,跨越新疆全境。新疆天山遗产区包括托木尔、喀拉峻至库尔德宁、巴音布鲁克、博格达。

长长的天山横亘于新疆中部,如同天然的屏障,把新疆分为南北两半,南部是塔里木盆地,北部是准噶尔盆地。天山的冰峰雪岭逶迤连绵,其间海拔4000米以上是终年积雪地带。而新疆的许多大河都发源于天山山脉,如著名的伊犁河和塔里木河的源头都在天山。

新疆天山南北拥有不同的自然环境和气候,造就了植物和动物的多样性。这里是多种珍稀动物的栖息地,还拥有天山云杉等多种珍稀植物,为人们研究帕米尔高原和天山高地之间的生物和生态环境提供了证据。

新疆天山拥有典型的温带干旱荒漠山地景观,包括冰川、积雪、森林、湿地、荒漠等。这些不同的景观,在环境上形成了鲜明的对比。

位于天山山脉中部的巴音布鲁克草原面积达2.3万平方千米,如同一张无边无际的绿毯。它几乎铺满了天山山脉中段的每一片原野、山谷和冈峦。这张"大地毯"的海拔

约2500米，周围被雪山环抱着。美国蒙大拿大学植物生态学教授当·伯度纳来这里考察后，感慨道："这里的空气纯净得像过滤了一样，景色美得像是在画中，是我去过的世界上最美的地方之一。"

　　位于山脉西段、海拔7443米的托木尔峰是天山山脉的最高峰。而东部天山的最高峰，则是海拔5445米的博格达峰。长年被冰雪覆盖的博格达峰，是传说中西王母的住所，她是天山的守护神。博格达峰是一片冰川的世界，这里的冰川孕育了众多河流，滋养着天山南北的大片绿洲。

湖北神农架

■ 2016年7月，湖北神农架被列入《世界遗产名录》。

湖北神农架有中国中部地区最大的原始森林，是中华蝾螈、川金丝猴、云豹、金钱豹、亚洲黑熊等许多珍稀动物的栖息地。神农架是中国三大生物多样性中心之一，也曾是国际植物收集探险活动的主要目的地之一，在生物学研究史上占有重要地位。

相传在上古时期，人们大多以狩猎为生。但是，随着部族的壮大，猎获的食物远不够维持人们的生活，而人们也无法分辨森林里有哪些可以食用的植物。因此，有一个叫"神农氏"的勇者决定替大家遍尝百草，分辨哪些植物有毒、哪些可食用或药用。为了纪念神农氏，人们就将他遍尝百草的这片原始森林叫作"神农架"。

神农架位于湖北西北部，区域内既有高山森林，也有低矮丘陵。当东南风进入神农架，就会被区域内的高山阻挡，神农架也因此随着山势的高低，存在暖温带气候、中温带气候、寒温带气候等不同的气候类型。人们用"六月雪，十月霜，一日有四季"形容神农架多变的气候。正是这样的气候，使神农架拥有了全球中纬度唯一保存完好的亚热带森林生态系统。这片茂密的原始森林成为许多珍稀动植物的家园，被称为"冰川时代的挪亚方舟"。

这里拥有丰富的生物多样性，生活着600多种脊椎动物，有成群的猕猴、金丝猴、鹿群，还有中华蜂、太阳鸟等，是动物的天堂。而在植物学上，神农架更是一个具有重要意义的地方。这里分布着3700多种维管植物，仅在1884年至1889年之间，科学家们便在这里发现了500多个植物新物种。

青海可可西里

■ 2017年7月,青海可可西里被列入《世界遗产名录》。

可可西里位于青海西北部,面积广阔,几乎没有受到现代人类活动的影响。极端的气候条件和它的难以接近性,共同保护着这片地球第三极上最大的无人区。可可西里被誉为高原野生动植物基因库,三分之一以上在这里发现的高级植物为青藏高原所特有,所有靠这些植物生存的食草哺乳动物也同样是青藏高原特有的。

300多万年前,青藏高原大规模隆升。可可西里位于青藏高原腹地,并没有受到河流侵蚀的影响,保留得较完整。可可西里是一个排水不畅的区域,容易积聚融水,因此区内湖泊众多,湖泊分布密度是青藏高原平均湖泊分布密度的3倍以上,这在全球其他高原地区也是很罕见的。横贯在可可西里区域内的有昆仑山、可可西里山、乌兰乌拉山和祖尔肯乌拉山,在这些山峰的高海拔位置,发育着各种冰川,形成了独特的冰缘地貌景观。这些冰川、山谷、高原湖泊、地表冻丘,对研究当地地质、地理历史以及古生物变化具有非常重要的价值。

辽阔的可可西里吸引了很多人前往探险,但当中却有不少人因物资不足或迷失方向而无法完成探险,因此,在人们心目中,可可西里是荒凉而神秘的。这里常年年均气温-10℃—4.1℃,气候严酷,自然条件恶劣,几乎没有人居住。或许正是因为缺少人类的存在,可可西里成为野生动物的乐园,是目前世界上原始生态环境保存最完好的地区之一,也是中国面积最大、海拔最高、野生动物资源最为丰富的自然保护区之一,对自然生态和生物多样性保护十分重要。

在可可西里生活的脊椎动物有74种，其中最为人熟知的是藏羚羊，可可西里藏羚羊的数量占全球总数的约40%。除了藏羚羊，这里还是藏野牦牛、藏野驴、藏原羚等珍稀动物的故乡。为了保护这些珍贵的动物，当地采取了严格的措施，打击盗猎、盗采。2017年11月，青海可可西里、新疆阿尔金山和西藏羌塘国家级自然保护区联合发布公告，禁止一切单位和个人随意进入保护区开展非法穿越活动。

梵净山

■ 2018年7月,梵净山被列入《世界遗产名录》。

梵净山位于贵州铜仁境内,它是武陵山脉的主峰。这里的森林覆盖率达到95%,有着地球上同纬度保存最完好、最典型的原始森林,保留了大量古老孑遗、珍稀濒危和特有物种。

梵净山的地质基础形成于前震旦系,这里露出的最古老的地层,距今足足有10亿至14亿年的历史。这里有美丽奇特的自然景观,包括怪石、奇树、天风、云海、妙泉。梵净山的最高峰是一个奇妙的地方,常年被层层红云环绕,因此又被称为"红云金顶"。

当地球上同纬度地区很多都演化成了荒山和沙漠,梵净山却保存着最完好、最典型的原始森林。这里仍保存着第三纪、第四纪的古热带植物,包括银杏、鹅掌楸、青钱柳、水青树等,而出现在第三纪或白垩纪的铁杉、南方红豆杉,也仍生存在这里。

梵净山还是野生动物的乐园,生活着灵猫、鬣羚等382种脊椎动物。其中有一种小动物被喻为"梵净山精灵",那就是黔金丝猴。黔金丝猴的数量极少,被称为"地球的独生子"。住在梵净山的黔金丝猴喜欢吃植物芽、果子。它们长着小小的耳朵,尾巴细又长,头上和前胸的毛是黄色的,后背的毛则是灰色的。不同种类的金丝猴有着自己独特的样貌,如川金丝猴有一身美丽的金黄色毛,而黔金丝猴尾巴细又长,滇金丝猴的体型相对较大,毛色也和别的不一样。黔金丝猴很有家庭观念,家庭成员之间相亲相爱,一起吃东西,一起玩耍,小公猴成年后会被赶出家门,开始自己独立的生活。

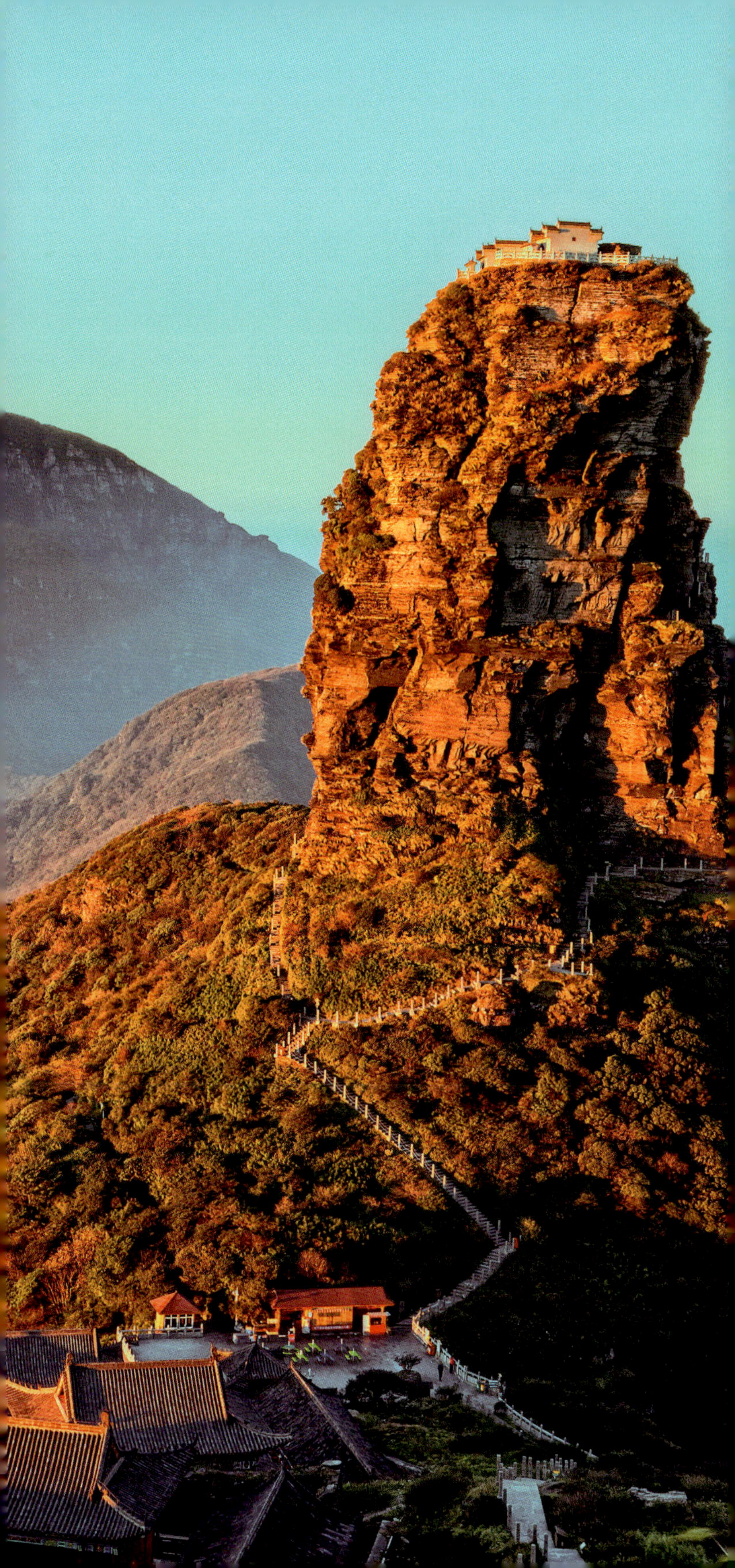

中国黄（渤）海候鸟栖息地

■ 2019年7月，中国黄（渤）海候鸟栖息地（第一期）被列入《世界遗产名录》。

中国黄（渤）海候鸟栖息地拥有世界上规模最大的潮间带滩涂，是濒危物种最多、受威胁程度最高的国际候鸟迁徙路线——"东亚—澳大利西亚"迁徙路线的中心节点。第一期项目所在的江苏盐城黄海湿地，有超过680种脊椎动物和500多种无脊椎动物，其中包括415种鸟类，是全球数以百万迁徙候鸟的停歇地、换羽地和越冬地。

中国黄（渤）海候鸟栖息地（第一期）位于江苏盐城，由江苏盐城湿地珍禽国家级自然保护区、江苏大丰麋鹿国家级自然保护区、江苏盐城条子泥市级自然保护区等区域组成，面积达到1886.43平方千米。

中国黄（渤）海候鸟栖息地属海岸型湿地。由于黄海、渤海的水较浅、坡度较平缓，黄河、长江、辽河、鸭

绿江等河流带来的沉积物容易堆积，这让黄海和渤海拥有大片潮间带泥滩系统，也因此拥有很高的生物多样性。如位于黄海旁的江苏大丰麋鹿国家级自然保护区内，就生活着野生麋鹿、白鹳、白尾海雕等多种生物。

中国黄（渤）海候鸟栖息地为23种具有国际重要性的鸟类提供栖息地，同时，支撑着17种世界自然保护联盟红色名录物种的生存。它还是全球数以百万迁徙候鸟的停歇地。每年鹤类、雁鸭类等候鸟都会飞来这里，并在此休息、换羽，或者过冬，其中包括勺嘴鹬、丹顶鹤、小青脚鹬、黑脸琵鹭、大滨鹬等。

这里的常客丹顶鹤是一种候鸟，全身纯白色，头顶一抹朱红。在迁徙飞行时，它们会组成"V"字形的队列。值得一提的是，鹤在中国文化中有崇高的地位，特别是丹顶鹤，是长寿、吉祥和高雅的象征，在神话传说中，它常与神仙相伴，因此又称"仙鹤"。丹顶鹤被中国古人视为"一品鸟"，地位仅次于凤凰。在明朝和清朝，皇家的衣袍绣龙凤，一品文官的官服上绣的就是丹顶鹤。

04

文化与自然双重遗产

泰山

■ **1987年12月，泰山被列入《世界遗产名录》。**

泰山位于山东泰安。在近2000年的历史中，庄严神圣的泰山一直是中国古代帝王朝拜的对象，也是中国艺术家和学者的精神源泉，是古代中国文明和信仰的象征。古代的君主、文人在这里留下了20多处古建筑群和2200余处碑碣石刻，人文杰作与自然景观在这里完美和谐地融合在一起。

泰山的主峰海拔达1545米，被称为"五岳之首"。泰山雄伟高大，尤其南坡，山势险峻，山峰起起伏伏。在中国古人心目中，泰山是天下最高的山峰，是距上天最近的地方。皇帝既然是天子，就要亲自向上天祈求国泰民安。所以中国历代皇帝都以去泰山封禅为荣，泰山也就有了"天下第一山"的称号。

中国有5座非常有名的高山被称为"五岳"，它们分别是东岳泰山、西岳华山、中岳嵩山、南岳衡山、北岳恒山。泰山并不是五岳中最高的，却被奉为"五岳之首"。传

说在秦朝以前,就曾经有72位首领在此祭祀天地。

封禅就是皇帝在泰山山顶祭祀天地。古时候,人们都认为天子的权力是天授予的,希望天能保佑国家。公元前219年,秦始皇率领3万人的封禅队伍,浩浩荡荡地从咸阳出发来到泰山脚下。他命令士兵凿山开道,摆开盛大仪仗,亲自登上泰山山顶封禅,祈求上天保佑秦王朝江山永固。这使泰山成为第一个被封禅的名山。后世的皇帝,一直借助泰山的威望巩固自己的统治,泰山的神圣地位被抬到了无以复加的程度,自然成为"五岳独尊"。

在泰山山顶,有个叫作"南天门"的地方。在道教神话中,南天门就是从人界进入神界的入口,过了南天门,就是玉皇大帝的宫殿。所以在泰山,过了南天门,就是供奉泰山神东岳大帝的岱庙,也是古代帝王来泰山封禅时居住和举行大典的地方。岱庙有上百间房子,规模和皇帝的行宫差不多,里面还有占据整面墙的大型壁画,描绘着泰山神巡山的宏大场面,据说是以宋朝皇帝祭祀泰山的盛况为原型创作的。

黄山

■ 1990年12月,黄山被列入《世界遗产名录》。

黄山被誉为"震旦国中第一奇山"。在中国历史上文学和艺术的鼎盛时期,黄山曾受到广泛的赞誉。今天,黄山以其奇丽的景色——奇松、怪石、云海、温泉、冬雪而著称。对于从四面八方来到这个风景胜地的游客、诗人、画家和摄影家而言,黄山具有永恒的魅力。

中国有句俗语叫"五岳归来不看山,黄山归来不看岳"。五岳,是指东岳泰山、西岳华山、北岳恒山、南岳衡山和中岳嵩山。

黄山如何能将五岳都比下去了呢?它南北长约40千米,东西宽约30千米,号称"五百里黄山"。黄山拥有36座大山峰和36座小山峰,众多悬崖峭壁、形状奇特的山峰山谷令人叹为观止,此外还有石林、石柱、石蛋等地貌。

起初,黄山名为"天子都",传说黄帝就曾在此采药炼丹,得道成仙。因为黄山的山体以青黑色居多,秦朝时人们称它为"黟山",也就是黑色的山峰。直到约1000年后

的唐朝，唐玄宗因信奉道教，将"黟山"改为"黄山"，其后黄山之名一直沿用至今。黄山还和佛教的发展有着很大关系。早在晋朝，佛教便已经传入黄山，其后南朝、唐朝、明朝、清朝都在这里留下过佛教寺庙，如唐朝高僧包西来创建的翠微寺、明朝时修建的慈光阁等。

黄山五大最具特色的景象，包括怪石、奇松、云海、温泉、冬雪，其中以怪石和云海最为有名。

黄山的岩石形状千奇百怪，有的像人，有的像动物，被命名的怪石一共有120多处。最有名的是飞来石，它位于天矼西端的群峰中，斜斜地搭在一块平坦的岩石上，仿佛是从天上飞来的。在黄山狮子峰北平顶的山头上，有一块石头，就像猴子蹲坐，静观云海起伏，人们就叫它"猴子观海"。

黄山云海堪称一绝。天气晴朗的时候，漫天的云海随风飘移，时而上升，时而下坠，时而回旋，时而舒展，使黄山成为一幅立体的水墨画，每一分每一秒，都有不同的景色变幻。云海是在一定的天气条件下才能形成的云层，由于云顶高度低于山顶高度，当人们在高山之巅俯首云层时，看到的是漫无边际的云，就像一片大海一样。

峨眉山—乐山大佛

■ 1996年12月，峨眉山—乐山大佛被列入《世界遗产名录》。

乐山大佛是8世纪时人们在一座山岩上雕凿出来的，它俯瞰着大渡河、青衣江和岷江三江交汇之所。佛像身高71米，堪称世界之最。距离大佛不远的峨眉山，以其秀丽的风光和种类丰富的植物而闻名天下，山中有些树木树龄已逾千年。

峨眉山耸立在四川盆地的西南部，包括大峨、二峨、三峨、四峨四座大山，最高峰是海拔3099米的万佛顶。峨眉山风景秀丽，素有"峨眉天下秀"之称。峨眉山还是中国佛教名山之一，自从1世纪一名印度僧人将佛教带到峨眉山上后，佛教寺庙便逐渐在这里落成，越来越多的僧人和佛教徒来到这里。

而乐山大佛的历史要从唐朝说起。唐朝年间，每当雨季来临，峨眉山附近的青衣江和大渡河便会泛滥，淹没农田、摧毁房屋。当时有一位名叫海通的和尚决定要开凿一尊和山一样高的大佛，以庇佑百姓平安。于是在海通和尚的带领下，人们开始在山崖上开凿大佛。从713年开始，叮叮当当的开凿声就没有停下来，一直过了整整90年，大佛才开凿完成，这尊大佛便是乐山大佛。乐山大佛就像一个巨人，双手扶着膝盖，安静地坐在山间。它的头部就长达14.7米，头上一共有1051个发髻，脚背则宽达8.5米，光是一双大脚，就能让上百人站在上面。经历了上千年的风雨，乐山大佛依然屹立不倒。

武夷山

■ 1999年12月，武夷山被列入《世界遗产名录》。

武夷山脉是中国东南部最负盛名的生物多样性保护区，也是大量古代孑遗植物的避难所，其中许多物种为中国所特有。山中九曲溪两岸峡谷秀美，寺院庙宇众多。该地区为唐宋理学的发展和传播提供了良好的地理环境，而理学自11世纪以来，对东亚地区的文化产生了相当深刻的影响。

武夷山脉是福建境内的主要山脉之一，它具有极高的生物多样性和历史文化价值。

武夷山的主峰黄岗山是中国大陆东南地区的最高峰。漫长的山脉还是赣江、抚河、信江与闽江的分水岭，很多条大河在武夷山脉中孕育而成。武夷山属于典型的丹霞地貌，岩石暗红而偏黑，在阳光的照耀下，远远望去，犹如一群奔马，昂首向东。武夷山保存着大量古老、珍稀的植物物种，其中很多是中国独有的；这里还生活着许多爬行类、两栖类和昆虫类动物。

九曲溪沿岸的奇峰和峭壁，映衬着清澈的河水，构成一幅奇妙秀美的画卷。武夷山最优美的自然风光就聚集在这里。乘着竹排沿溪而下，千回百转，移步换景，溪水清澈见底，或急或缓；两岸奇峰突兀，奔来眼底。

武夷山具有重要的历史文化意义，它是4000多年前的悬棺文化、2000多年前的闽越古国文化和800多年前的朱子理学文化的摇篮。

闽越国是位于中国最南方、辉煌一时又最终消失的古代文明。因闽越国不服从当时汉王朝的统治，汉武帝下令一把火烧掉了闽越国的王宫，国中百姓全部迁往北方。闽越国就这样在历史上突然间消失了，只留下武夷山的闽越王城遗迹。

武夷山的悬棺则历经4000多年的风雨。这些悬棺位于武夷山的悬崖缝隙之间，高于河面几十米甚至几百米。至于古人是怎样将这些棺材放在悬崖之上的，至今仍是未解之谜。有人说，古人是在棺材的两头凿出两个小孔，再利用绳索把棺材吊上去的；有人说，古人是先在悬崖峭壁上建起了高架，再把棺材从架子上送上去的。